让孩子
远离心理伤害

李丽◎著

Ⓛ 辽宁人民出版社

ⓒ 李丽 2020

图书在版编目（ＣＩＰ）数据

让孩子远离心理伤害／李丽著．—沈阳：辽宁人
民出版社，2020.1
ISBN 978-7-205-09734-9

Ⅰ．①让… Ⅱ．①李… Ⅲ．①青春期－心理健康－健
康教育 Ⅳ．① G444

中国版本图书馆 CIP 数据核字 (2019) 第 189055 号

出版发行：辽宁人民出版社
　　　　地址：沈阳市和平区十一纬路 25 号　邮编：110003
　　　　电话：024-23284321（邮　购）　024-23284324（发行部）
　　　　传真：024-23284191（发行部）　024-23284304（办公室）
　　　　http://www.lnpph.com.cn
印　　刷：辽宁新华印务有限公司
幅面尺寸：170mm×235mm
印　张：15.25
字　数：192 千字
出版时间：2020 年 1 月第 1 版
印刷时间：2020 年 1 月第 1 次印刷
责任编辑：石　玥
封面设计：琥珀视觉
责任校对：冯　莹
书　号：ISBN 978-7-205-09734-9

定　价：39.80 元

序
XU

　　我们有无数的篇章歌颂一夜间破茧成蝶展翅飞翔华容绽放的奇妙瞬间，然而对于青少年来说，这种从童年期到成年期的蜕变，却不是瞬间能够完成的事情，这需要经过一个相对"漫长"的时期，甚至不知道这种"漫长"从何开始，又将何时结束。我们每一个人都曾经历过或即将经历，抑或正在经历这一时期，这个时期有着前所未有的快乐，同时也有着莫名的寂寞和悲伤。我们的家长和孩子们一样，都常常误以为我们已经知道并可以控制这个人生特殊时期将会出现的一切，但事实上，却不得不承认无论是家长还是孩子，都没有为这个时期的每一个经历和感受做好充分的心理准备，犹如坐在过山车上，不知道下一刻会发生些什么。

　　作为国内最早开设12355青少年心理和法律咨询热线的公益服务机构，我们成立五年来，接到了来自全国各地数十万的与青少年成长相关的心理和法律咨询电话，其中有青少年自己来电咨询的，也有家长来电诉说困惑的，咨询内容不乏亲子关系、考试压力、异性交往、网瘾、人生规划等林林总总的问题，从对来电案例分析和跟踪过程中，我们切实感受到青少年问题在不断朝着多元化、复杂化方向发展，而这些问题的产生，很多都和青少年所处的家庭有着

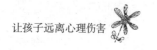

必然的联系。

平日里，我们经常开玩笑说，这个时代有太多的证件需要我们去考、去办，却忘记了最重要的一个证件：家长证。我们做家长的都是"无证上岗"，没有彩排，也没有重播，我们从自己父母那里习得的一些家庭教育理念以及通过网络、书籍等各种途径学到的教育方法，全部试验在我们的孩子们的身上，在孩子童年期的时候，也许并不能明显地感知到孩子对我们"这一套"是接受还是拒绝，但是当孩子跨入"青少年"行列之后，突如其来的无助、困惑、无奈甚至是悲伤的感觉，让我们措手不及。我们的孩子们突然像脱了缰的野马，不在我们的控制范围之内了。这时候，作为家长的我们，突然开始自问，这是怎么了？我们做错了什么？我们怎么做才能有所改变？在我们因"家有青少年"而焦头烂额的时候，我们可以试着放慢脚步，去观察这一时期孩子们正在经历和发生些什么，试着体验孩子们的感受，聆听一下孩子们的心声，和孩子们共同应对和享受这个特殊的时期，也许当您尝试之后会有意想不到的效果。

家长是孩子的第一任老师，祝愿家长们能够珍惜家庭这个美好的环境，一起陪伴孩子享受成长的快乐。

12355 北京市青少年服务台台长

姜南舟

前　言
QIANYAN

孩子已入青春期！父母们准备好了吗？

青春期，又名人生的"危险期"，这不是故意耸人听闻的称呼，而是客观现实。

已经为人父母的我们，只要回忆一下自己和发小们的青春期就可以知道，第一次恋爱容易发生在这个年龄，第一次抽烟喝酒容易发生在这个年龄，冲动打架容易发生在这个年龄，冒出离家出走的想法容易发生在这个年龄，和父母顶撞、发生冲突也容易发生在这个年龄……

如今我们的孩子已经步入青春期，轮到我们做父母了，我们也要经受孩子成长的冲击波激荡了，如今的我们，面对的是：

孩子迷恋网络，看手机、上网成瘾，可怕的是，网络色情泛滥；

恋爱的年龄提早到了小学阶段，已经有男女同学互称老公、老婆了；

有医疗调查机构称，寒暑假成了女孩子的"流产假"，黄金周成为"堕胎周"，青少年性行为已经呈现低龄化发展趋势！

厌学、自残、暴力……这些词语集中爆发在青春期孩子的身上，作为家长，我们是否做好了心理准备？

青春期的孩子身心都在发生着巨变，经历着人生的"危险期"和"疾风骤雨期"，叛逆、非主流是他们张扬个性、凸显自我的手段，但是，一旦把控不好，围绕在他们身边的危险因素就会引爆，结果可能造成孩子一生的心理残缺甚至生命过早地就此凋零。

很多父母对于处在叛逆中的孩子往往手足无措，虽然满怀着无限的爱，却叩不开孩子的心门。无法走进孩子的世界，沟通又从何进行呢？良好的心愿又如何发挥有效的影响呢？

面对迷惘的孩子，父母也很迷惘，如何解决这一棘手问题呢？

我曾在学校做心理老师，一边上课一边在课后为个别学生提供一对一的心理辅导，一些现象令我目瞪口呆：四年级的孩子在课上谈论"啪啪啪"、五年级的男孩看黄片、六年级的孩子有过自杀行为、初中的孩子为情感自残……半年的学校调研让我对现在的孩子的心理健康问题非常担忧。

在更早的几年前，我曾在12355青少年服务台工作期间，那时候接到很多来自全国各地的青少年以及家长的求助电话，这些孩子，有的陷入自慰的罪责感中不能自拔，有的已经离家出走让家长不知所措，有的已经发生过堕胎事件休学在家一蹶不振，还有的甚至已经发生了犯罪行为……

有一位母亲在热线的另一头哭着说："如果能让我的女儿振作起来，重新好好去上学，我宁愿用自己的死去换……"母亲泣血的心声让我的心灵受到强烈的震撼，于是有了写这本书的初衷和责任，希望能给正处于这种状态的父母一点帮助，也能为不让我们的孩子处于如此迷惘和黑暗的漩涡提供一些警示作用。

要有能力为孩子的心灵成长保驾护航，家长首先要了解这个年龄段孩子的身心发展特点，也要了解孩子所处的大环境和小环境。

社会媒体的发达，为青少年提供了丰富多彩的资讯，同时也会导致青少年社会化过程中的认知偏差，成年人的异质性使他们的政治态度、价值观念和生活态度相差悬殊，这会造成社会价值观的多元化。当这些内容与现实社会中的教育机构给青少年提供的正面教化内容相左或产生矛盾时，会使青少年产生认知模糊，选择困难。而新媒体中出现的血腥、暴力、色情的镜头，更让这些崇尚新知识，思想活跃，人生观、价值观、道德观尚未完全成熟的青少年面临严峻的考验。现在媒体上频频出现的青少年犯罪、自杀等现象已经在向广大的家长敲响警钟！

　　学校是青少年学习和生活的重要场所，但是，应试教育机制使许多学校在教育方面的功利性追求日趋凸显，对学生身心健康成长重视不够。在校学生的存在价值基本上体现为考卷上的分数，教育成果基本上都反映为升学率，升学率成为决定教师收入的关键和学校地位的标志。教育被简化成一系列量化指标和既定程序，那么，谁又来保证那些学习中等、差等孩子的自尊和自信？而学习成绩良好的孩子，他们的心理健康程度又能有多高？

　　家庭是青少年成长的摇篮，是孩子的最初学校，父母是孩子的第一任老师，因此，有父母良好教育的孩子，大多都能茁壮成长。但是，有不少家长认为孩子上了学校，教育孩子就是老师的责任，自己就可以当个"甩手掌柜"了，因此对孩子的世界不闻不问；随着离婚率的升高，离异的家庭也越来越多，而单亲家庭孩子的心理健康又如何来保证？

　　如今的青少年基本上都是独生子女，不健康的家庭教育很容易造成溺爱孩子的现象，使孩子养成自私自利的品性。溺爱是一种失去理智、直接摧残孩子身心健康的爱。溺爱让父母打着爱孩子的旗号，最终亲手培养了自己和社会的敌人！家长不能不早些警觉！

　　如果您家有个正处于青少年时期的孩子，您是否关注过：孩子生活得快乐吗？精神生活丰富吗？学习有动力吗？有成就感吗？亲情沟通得顺畅吗？道德感发展得怎么样？作为家长，能做到的就是以身作则，自己有幸福快乐生活的能力，然后用这种能力去尽量影响孩子，在他们处于人生迷惘之际能给予理解、陪伴和他们能够认可的指导，用智慧的爱陪着孩子一起度过人生这段危险期。

本书专门为青少年的家长精心准备，来探讨青少年处于自我辨识和自我认定的时期时，在学业、家庭和生活上经常遇到的烦恼和困境，以及看似叛逆、极端的行为背后，那份隐而未见的彷徨和心酸。所使用的案例也都是经过精心挑选，具有典型的普遍意义，出于对青少年的保护，所涉及案例中的人物，一律使用化名处理。

希望通过本书，家长能够更加理解孩子，理解这个阶段孩子的心理特点和种种行为，并找到良好的方式与孩子沟通，能够进入到孩子的内心深处去施予积极、有效的影响。

当然，要解决孩子的心理问题，家长要先解决好自己的心理问题，要想让孩子不受伤害，家长首先要有一个积极健康的人生。孩子的问题，从家长自己做起！

让我们拉紧孩子的手，陪伴孩子一起蹚过他们人生的这一段汹涌的暗流，走向更为平缓宽阔的人生！

目 录
MULU

01

"能不能别管我？"

——孩子怎么如此叛逆！

"一回来，话也不说一声，直接走进自己的房间，把门一关，直到吃饭了，还得敲他的门请他出来吃饭！"

"以前，我走哪孩子跟到哪，就和502胶水一样；现在可好了，我想去哪里，主动让她陪着，她都不愿意——带不出去喽！"

"孩子这情绪，今天还兴高采烈呢，明天就乌云密布，我说得不对了，还敢当着很多人的面跟我顶嘴，这孩子我真管不了了！"

一次同学聚会，聊起那些处于青春期的孩子，几个妈妈七嘴八舌地互倒苦水。她们普遍的感受就是：这青春期的孩子太难管了！有些事情，不管还不行，比如晚归、早恋、学习等事情。倘若不管，孩子一不小心会步入歧途或者耽误前程；可是一旦去管，又会遭到孩子强烈的反抗，他们经常说的一句话就是："能不能别管我！"

真的是让家长为难！

一家英国育儿网站调查了2000名父母，这些家长的孩子已经

成年。调查结果显示，三分之二以上儿女双全的父母认为十几岁的女儿最难"对付"。63%家有女儿的父母认为女儿到了14岁变得让人捉摸不透，她们闷闷不乐，郁郁寡欢，喜怒不定。男孩的叛逆期约比女孩晚1岁。78%育有儿子的家长反映，男孩到15岁时情绪起伏较大，这个时期的儿子认为自己没有获得家长理解时，就会感到沮丧。62%的男孩会把自己锁在房间内，拒绝与人交流。

"叛逆"一词，张扬着青春期孩子的生命激情，他们用与众不同的方式对抗着权威，试图显示自己的力量，显示自己作为一个生命个体的独特性，这种独特的青春期的现象不仅仅影响着孩子自身的成长，更成为众多家长心中难以释怀的苦痛。

青春期个案
QINGCHUNQIGEAN

容易受伤的"玻璃心"

明明的父母本来以为好不容易把孩子送到了高中，剩下的事情就是等着给孩子攒钱上大学了。可是一天，妈妈从明明班主任的电话中得知明明对数学老师很不尊重。电话要结束的时候，班主任几乎用央求的口吻请妈妈对明明多加管教一些。妈妈挂断电话之后，百思不得其解，她不明白，挺有礼貌的孩子怎么会对老师有不尊重的举动呢？

"如果我讨厌哪个老师的话，根本不会听他讲课，我看到他生气的样子才开心呢。"明明气愤地对妈妈说。看来，班主任说得没错，可是孩子怎么会对老师产生这么大的怨恨呢？

其实，明明虽然内向，却是一个性格倔强且十分要强的孩子。因为有一次数学成绩不好，老师当着全班同学的面说了两句过激的言论，刺伤了明明的自尊心，引来明明强烈的抵触情绪。从此之后，在数学课上，老师越是反对的事情，明明就越要去做。每当老师批评他的时候，他都眼睛直勾勾地瞪着老师，刚上任不久的数学老师被明明骇人的眼神吓怕了，只得向明明的班主任求助。

班主任找明明谈话的时候，明明刚开始显得很顺从。但谈话一结束，他依旧我行我素。等数学老师三番两次地向班主任告状之后，班主任觉得不能再继续纵容明明的行为了。他处罚了明明几次，而后明明更加破罐子破摔，有时他还会和班主任顶撞，搞得课堂气氛非常紧张。面对如此情绪化的学生，班主任最后也终于无计可施，只得向明明的妈妈求助。

明明的行为，是典型的青春期叛逆，同时这也是许多进入青春期的孩子都存在的一种反抗"管教"、反抗"权威"的心理。在这个年龄阶段，他们正急切地想证明自己存在的价值、自己的独特性。过去他们可以忍受家长当自己是小孩子，而如今，他们迫切地想得到他人的认同，渴望能像大人一样受到他人的尊重。这时候的孩子，自尊心也非常敏感，他们往往把家长、老师的批评理解为挑战自己的自尊心，是和自己过不去，因此难免会产生敌对的倾向。分析其原因，主要还是成年人不能真正平等地去对待孩子，尤其在自尊心敏感的青春期，过于强势的批评和教导很容易引发孩子的反感和抵触心理。

1. 青春期的孩子，有着半幼稚半成熟的特点。看问题容易以自己的主观臆想为出发点，因此也就难免产生偏见。

这个时期的孩子，心中的个人英雄主义在作祟，以为和老师对着干是勇敢的体现，是自己敢于挑战权威的壮举。因此，才会产生盲目反抗的行为。

处于青春期的孩子，心理上也正在经历一场至关重要的"过渡期"。在这一阶段，孩子们的自我意识和独立意识日渐加强，由于身体发育已经和成人差不多，他们觉得自己已经"长大"，迫切地

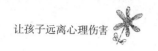

想要脱离成人的监护，却依旧缺少足以保证自我生存的力量和智慧。

孩子们不再把自己当成一个小孩儿看，他们也开始介意我们把他们当成小孩儿看。当这些小大人为了表现自己的个性而做出出格的举动时，往往就代表着叛逆的产生。

为了表现自己，孩子们往往会对任何事物都倾向于批判的态度。其实，他们如此做，最根本的出发点是担心外界忽视自己的存在，才会用各种手段和方法来"争取"自己的地位。叛逆心理不能单纯地用健康或者不健康来形容，它是一种反常的心态，是孩子们为了维护自己的自尊心而采取的自我保护措施。因此，家长也应该以相对中立的观点来看待孩子们的改变。

2. 教育叛逆孩子的时候，单纯地讲大道理，只会徒增他们的反感情绪。

家长应该因势利导，帮助孩子成长，可以从和孩子切身相关的小事入手。如孩子爱打篮球，那就可以从他喜欢的篮球明星身上把问题展开，通过明星的成长经历来引导孩子。想要正确对待孩子的这类行为，就要尽量避免直接批评，不与他发生正面的冲突，由此才能保证孩子的自尊心不受侵犯。当他有错误的时候，绝不能当着外人的面进行教育，而是私底下动之以情、晓之以理。在帮助孩子分辨清楚是非的同时，还让他们意识到其实父母是关注自己的，更是把自己当成了一个已经长大的成年人来看待。

因势利导，就是要善于发现孩子身上的闪光点，充分发挥其作用。孩子在任何方面有进步，家长都应该表扬和肯定，让他尝到成功的喜悦，从而产生积极学习的兴趣。当双方意向不一致时，彼此之间为了维护自尊，就会采取与对方的要求相反的态度和言行。有矛盾产生，就要寻找合理解决矛盾的方法。注意不要触及孩子的抵触情绪，谈话要在平等、民主和相互尊重的基础上进行。只有打开孩子的内心，才能实施有效的影响。

特立独行的"侠客"

张华越来越讨厌上课了，只有语文课他才有些兴趣，其他学科的老师，用他的话来评价就是——水平都太差了，他们完全不能吸引我的兴趣。

张华在课堂上睡觉的时候，好几次都被老师抓了现行。老师刚刚在全班同学面前批评了他几句，张华就大声嚷着老师不尊重学生，这样一来反倒搞得老师十分尴尬。张华在学校很"潇洒"地保持着我行我素的作风：学校规定穿校服，他就偏穿其他的衣服；学校不允许男生留长发，更不允许烫发，可他就偏这样做。他不介意他人怎么看自己，他认为那些所谓的校规之类的东西是用来约束好学生的，而他从不认为自己是一个好学生。尽管上次张华因为在校外喝酒被学校记了一次大过，张华也觉得无所谓。他觉得自己是在坚持"做自己"，这是"侠客"风范。令张华暗自得意的是，学校里还有一些自己的"粉丝"，都称自己为"大哥"，这让他更加坚持和学校作对。

回到家之后，张华依旧一副点火就着的样子。"哎呀，你烦不烦啊？"张华对妈妈苦口婆心的教育显得心不在焉。虽然老师和妈妈每天都对他轮番"轰炸"，但是一点都不能改变张华在学校的"特立独行"。

张华的父母长期两地分居，爸爸一年回不了几次家，很少和儿子沟通，但是只要儿子向自己张口要钱，爸爸出手从来不吝啬。爸爸希望自己的太太能够全面料理儿子的事情，自己则忙着在另一个城市开展自己的连锁店。张华长期和妈妈一起生活，但妈妈对张华的管教比较松，一般都会顺从儿子，没想到现在儿子一回家就关上门把音乐放得很大声，想说儿子几句的机会都没有了。

许多孩子在进入青春期之后，会出现一些父母预料不到的变化。张华在课堂上不允许老师触及他的自尊，回到家不愿意让妈妈进入他的私人空间，这一切都是他自我保护的体现。在这一时期，不含技术水平的说教和唠叨等沟通方式都会引起孩子们的反感。他们很容易把父母和老师当成实现自我人生价值道路上的敌人，他们想要争取自己的权利和独立，因此才会产生逆反心理。

1. 家庭的不良教育，是产生叛逆情绪的根源。

案例中的张华长期得不到父爱，母亲又不了解孩子内心的变化和真正的需求，因此，再多的唠叨都只会被他看作是无用的废话。身为父母，理应担负起为孩子创造一个良好的生活环境的责任。对孩子的管教不过分钳制，也不放任自流。采取多沟通、多鼓励、多表扬、少责骂的"三多一少"的原则，争取用和风细雨的方式来解决代沟的问题。

2. 叛逆是一种勇敢，也是一种偏执。

张华在学校特立独行，还有"粉丝"捧场，让他更加误以为和老师、学校对着干就是勇敢，是侠客行为，是一种张扬自我的很好的方式。不可否认的是，青春期自我意识的增强，对周围权威束缚的挑战，是一种很强的生命力表现，但是，如果为了特立独行而特立独行，往往会走向偏执，最后害人害己，没有任何意义。

3. 叛逆的孩子都是在寻找自身的价值感。

在以"学习成绩"为主流的校园生活中找不到价值感的孩子更容易在学校"反叛"，招惹是非，因为他们需要其他的途径来证明自己的价值，即便是大家都批评他，那也是对他的一种关注。因此，让孩子发展各种能力并让他找到价值感和良性的关注是消除孩子叛逆的一种途径。假如孩子的学习成绩不好，但是演讲口才好，或者善于歌舞，那么我们应有意培养孩子相关的能力，让孩子找到表现自己的机会来发挥自己的特长。当孩子的自信心上来之后，再带动学习方面的兴趣，要让孩子明白，学习是成功的途径，不是任何人身上的枷锁。只有消除了他们心中逆反的心理，才能进一步平稳情绪，进而在学习上取得进步。

互动专区
HUDONGZHUANQU

1. 孩子怎么变了个人？

家长：也不知道怎么回事，孩子最近变得很不听话，一点也没有了当初乖孩子的样子。常常你让他做一件事情，他要不拖拖拉拉，要不阳奉阴违，有时候逼急了，他还会和你吹胡子瞪眼。真是"半大小子，气死老子"！我都不知道怎么和他相处了！

想要寻找到合理的教育方式，就要先找出产生心理叛逆的原因。而孩子产生叛逆，多半是由父母的不正当教育引起的。

"父为子纲"，这是封建社会遵循的道德关系，这个道德关系至今仍深刻地影响着我们的亲子关系。传统的家长深受此毒性教条影响，在家庭中家长专制，孩子只能处于从属的地位。青春期的孩子，本身独立意识增强，正是要彰显自己的时候，专制型的家长容易触发孩子心底的反抗欲。想要让孩子把自己当成一个可以倾诉的对象，就需要家长放下架子，真诚地和孩子交流，和孩子做朋友，和孩子一起去分析问题，商量解决的方法。

而一些家长出于溺爱的保护主义，什么事情都替孩子包办好了。家长这样做无疑在向孩子传递一种贬低的暗示：你自己做不成，你必须依赖我。如此一来，子女渴望独立的想法和家长的做法截然相反，冲突也就在所难免。

还有一种溺爱的方式就是对孩子过于放任，什么都听孩子的，孩子没有边界，没有限制，想怎么样就怎么样，家长有时出于保护孩子的心理来干涉孩子的行为，就会被孩子认为是阻碍自己的"自

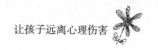

由"，形成冲突。

由于认知的偏差，孩子可能会因为某件事情而产生对社会和他人的不信任感，从而产生自闭、抑郁等情绪，若是这种情绪得不到合理的调节，必定引发孩子更严重的叛逆心理。所以，在孩子犯错之后，身为家长，不要横加指责，而是要耐心去了解孩子那样做的理由，让他感到家长始终是接纳他们的，愿意去了解他们的，孩子就会放弃和你对抗的想法。

2. 儿子偷拿人家东西竟然是为了气我！

家长：我家儿子上了初中后有个坏习惯，就是总是偷拿同学的东西，但还都不是什么值钱的玩意儿，他也不需要。为了这种事情，我没少去学校向老师道歉，老师也管不了他。后来从他朋友口中才知道，他这样做是为了气我！因为我整天说他不好……

这就是长期的负面语言造成的恶果。有些家长不管当着多少人的面，甚至孩子就在身边，就能这样抱怨：我儿子学习跟不上，兴趣爱好也没有，你要说他一句，他能说你十句，老是跟你对着干，真是越长大越让人操心！

像这样总是打击孩子的家长很多，有的家长对孩子的要求很高，虽然看到孩子有所进步，但没有达到自己的标准，便往往无视孩子的努力，给孩子泼冷水。

有的父母总担心表扬孩子会造成他的骄傲，便总用批评的语气。于是孩子就会失去信心，变得茫然，进而会觉得自己是一个废物。

有的家长动不动就因为孩子小小的过错对孩子横加指责，甚至打骂。也有的家长习惯于用食指和孩子说话，他们完全没有把孩子当作一个独立的个体来看待，没有考虑孩子的个人感受，认为孩子只有在逆境中才能成才。其实不然，孩子常常会在家长人为制造的逆境中沉沦、绝望，最后毫无斗志。

有的家长因为孩子以前没有做好,就认为孩子一直不会做好,进而凭自己一种主观的判断认为孩子永无出头之日,对孩子不抱希望。对孩子做的事情视若无睹,既不批评,也不肯定。长此以往,孩子的行为没有了标准,他就会变得麻木,对世上的一切都没有了兴趣。

孩子一旦产生了这种消极的想法,就会丧失行动的动力,最后破罐子破摔,和父母对着干也就不足为奇了。这在心理学上叫作"习得性无助",即孩子这样消极的行为不是先天的,而是在出生后于外界,尤其是与父母互动过程中形成的。

3. 初二现象

妈妈:孩子上了初二就像变了个人,学习成绩滑坡,常跟一些不三不四的人混在一起,还特别逆反,听不进我和他爸爸的话……

其实很多家长和老师都有这样的感受。我在某学校调研期间,来自初中部的班主任王老师就和我说过:我带过很多初中生,感觉最难管的是"初二",因为初一时,孩子刚上初中,还处于新鲜和适应阶段,到了初三,他们要面对中考,所以都会紧张起来。唯独初二,他们已经熟悉了环境、压力还没有那么大的时候最难管!

正如王老师所言,初二公认是整个中学阶段"最危险"的阶段,初二学生最难管。孩子往往刚上初一时还挺省心,对父母的话也能听进去,可到了初二就开始越来越让人劳神了,你说往东,他非要往西,这种情况会发生在不少家庭中,随之而来的还有成绩下降、心事重重等现象。

在初中部里,同学们也流传着这样的说法:"初一不分上下,初二两极分化,初三天上地下。"不可否认:初二是孩子成长过程中的一道重要的"坎"。

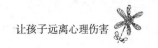

初二是整个中学阶段"最危险"的阶段，初二学生最难管，被称为"初二现象"。

上了初二后，许多孩子在学习和生活上都容易出现暴躁、焦虑的情况。初二是学生身体发育的第二个高峰，心理上也处于从幼稚走向成熟的转变期，加上学习负担加重，容易给学生的情绪、性格造成影响，这就是学界所说的"初二现象"。这些变化要求初二家长既不能沿用小学时的教育方式，也不能完全照搬初一时的教育方法，而应在教育理念、教育态度和教育方式上做出相应的调整。

家长要提前有这个心理准备，并在初二这一年，多关注孩子的言行举止，做好合理的引导工作。

4. 花钱送他去重点，他却当我是仇人

家长：儿子现在面对我们夫妻简直就是仇人一样。原因就是我们花钱托人把孩子送进了重点高中，他居然不懂得把握这个机会，三天两头逃课。我和他说为了让他上这个学，我们付出了多少精力多少金钱时，他竟然说："这是你们自愿的，我又没说一定要进重点，你们谁愿意上谁上！"我们这么做还不是为了他好？可是这话一出口，他却发疯似的说："你们都是好心，是我自甘堕落，行了吧？"简直要把我们气死了！

有很多家长反映青春期的孩子火气大、脾气大，其实这只是表面现象。与青春期的孩子沟通，重要的是"平等"和"尊重"。

随着自我意识的发展，随着个头与成年人没有差别，青春期的孩子以为自己已经是成年人了，迫切希望能够独立，能够得到尊重，然而家长无视孩子的这种心理需要，依然像过去一样擅自为他们做主，这就侵害了孩子独立的权利，表现出对孩子的不够尊重。在上重点高中的问题上，家长一定事先没有和孩子充分做好沟通，而是擅自决定，所以才遭到孩子如此的抗拒。

所以最先要解决的问题就是沟通方式。青少年有自己的价值观，家长应该明白没有哪一种价值观是绝对正确的，所以不要把自己的价值观完全强加到孩子身上，否则只能引起孩子心里的反感。你只需要告诉他们持有何种价值观的人将会有什么样的未来，然后把选择权交给孩子自己，充分尊重他们的自由和选择。

在面对孩子的时候，家长自己还要表现出多元化的思维，不要走进自己的死胡同。世界上没有唯一的答案，家长也没有权利去强迫孩子做出哪一种选择。

很多时候，父母必须超越自己本身的角色，从第三者的角度来看待彼此之间的关系和沟通方式，这样才会发现，也许问题并不一定出在孩子身上。孩子的不顺从，往往会被父母看作是叛逆。所以，父母要学会谦卑，以不同的角度去对待孩子，保持冷静，控制住自己的情绪，尽量向孩子征求相关的意见。

家长拿不定主意的时候，不妨从孩子的角度出发，以电子游戏等孩子们喜闻乐见的事物为切入点，走进孩子的内心，就能明白他们的真实想法。当孩子得到了足够的尊重，和父母能融洽相处，当然也就没有叛逆的必要了。

5. 孩子的情绪是六月的天吗？

家长：小强在小学的时候，性格比较温顺，可到了初中之后，情绪的波动变得特别大。有时候，因为一点小事就暴跳如雷，还摔东西。有时候，因为一点小小的成功就高兴得不得了。高兴时候还好，一不高兴，还真不知道如何面对他。不管吧，这样放任自流怕他将来性格不好；管吧，已经很叛逆了，怕越发不可收拾。真让人左右为难。

孩子进入青春期，性格就会进入一个"神经兮兮"的阶段，不管你使用温柔的方式或者是严厉的方式对待孩子，孩子都会有突然

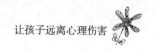

过激的反应，弄得人往往措手不及，最后束手无策。

首先，我们需要知道：青春期的孩子情绪不稳定，是有一定原因的。

（1）在青春期前后，人体会快速分泌生长激素。生长激素主要有睾酮、雌激素、孕酮。睾酮不仅对男孩的身体发育意义重大，还会影响大脑的活动。如果大量分泌，男孩就会变得易怒、更具攻击性，更关注性问题。而雌激素和孕酮，不仅使女孩的身体更成熟，也会同时影响大脑的化学物质。正是这些大脑中的化学物质的变化，导致了青春期的孩子今天像小孩，明天像成年人；刚才还心平气和，转眼就火气冲天。

（2）睡眠不足也是导致自我控制力减弱的一个原因。心理学研究表明，自我控制力受能量控制，如果能量不足，自我控制力就弱。青少年的自我控制力本来就不强，因为调节自我控制力的大脑部位成熟的时间较晚。由于青春期的孩子消耗大量的能量在学习上，还有丰富的娱乐诱惑着他们，他们还希望通过手机等工具发展朋友关系，在社交软件上彼此互动，获取信息。因此，本来就缺乏能量的孩子睡得更晚了。睡得越晚能量就消耗越多，导致第二天起床困难。如果家长这时候再训斥孩子几句，孩子就会容易冲家长发火。

（3）到了初中，孩子的学习科目一下子增加了很多，考试和排名也加剧了，学习任务相比小学时候加重了很多，孩子们不得不面对激烈的竞争，心理压力普遍比较大。当一个人内心的压力大的时候，也容易控制不住自己的情绪，将负面情绪发泄在别人身上，父母作为孩子比较安全的"出气筒"，容易成为孩子坏情绪的靶子。

这三方面的压力常常交织在一起，矛盾此起彼伏，他们大脑的神经机制并没有发育健全，调节能力还比较差，因此面对各种压力和刺激，便很容易产生心理不平衡。青少年又不像成年人那样善于控制或掩饰自己，常常喜怒皆形于色，便显得情绪忽高忽低，特别不稳定了。

许多处于青春期的孩子脾气由温顺乖巧变得暴躁倔强，甚至会说一些过火的话，做一些过火的事，有的家长往往由恼火变得发火。这样做不仅于事无补，相反会使有的孩子变得更加叛逆。

每当孩子说出过火的话，做出过火的事的时候，绝不能以"火"压"火"，更不能火上浇油，先要"熄火灭火"，对孩子的情绪进行接纳。等孩子的情绪平稳了，再和孩子沟通。

青春期的思想波动是正常的事，但弄不好会走极端，所以家长要掌握孩子青春期的身心成长的规律，因为只有懂规律，才不焦虑。

6. 孩子不再黏我，而是烦我

家长：儿子过去对我十分依赖，但是，自从他进入青春期后，和我的交流就明显少了很多，做事情也通常不问我和他爸爸的意见就自行决定。与我们的关系感觉日渐疏远，真是儿大不由娘啊！放学回来，就钻进自己的小屋，锁上门，不理我们。吃饭的时候，全家人终于能坐在一起，儿子也默不作声，我们问一句，他答一句，回答的内容要么是"还行"，要么就是"差不多"，没有什么可以展开的内容，也不愿意主动和我们说话。我感觉他似乎对我有些厌烦。母子之间日益陌生的感觉真是令人难以接受。

孩子到了青春期，过去恨不得一天24小时黏在身边的小家伙变得与父母疏离了，不要说母子之间，连过去如此亲密的"小棉袄"也有了属于自己的秘密，有了属于自己的空间，想出去散步，叫孩子陪同，孩子恐怕都不愿意了。

青春期的孩子与父母疏远，这不是个别现象。中国教育科学研究院调查数据显示，与小学相比，家长感觉亲子关系"变化不大"的比例在初二阶段明显下降。18.50%的家长感到亲子关系"越来越疏远"，6.33%的家长感到亲子关系"越来越紧张"。

孩子与父母疏远，是有一定原因的。青春期的孩子承受着身体的突然变化、性意识的觉醒、学习的压力……他们需要与他人沟通，但是一方面关于情感、性意识方面的问题不好意思和父母沟通，另一方面，像孩子们热衷谈论的明星、电视剧、异性同学等话题，家长不仅因为代沟不理解，而且听了一般都会批评孩子不务正业，使得孩子感觉与父母没有什么共同话题，如果遭受过多的批评指责，就更加丧失了与父母沟通的动力。

另外，有些父母与孩子沟通的内容非常有局限性。在一次心理课上，有个初中女生对我说："跟父母说话感觉特别没劲，整天除了学习就是学习，就好像我们是只会学习的机器人！"还有个学生说："我爸妈每天在我放学后基本就那几句话：'作业写完了吗？''该洗漱了！''该睡觉了！'除了这些就没别的了。"

很多家长除了学习就不会和孩子谈些别的，甚至自行给孩子购买学习辅导书和给孩子周末和放学后报各种补课班，让孩子感觉有做不完的题，一点个人时间都没有。一个初二的女同学曾给我写小字条诉说压力，她的烦恼就是父母将她的周末安排得满满的，本来一周的学习就非常紧张了，周末也丝毫没有放松的时间，和父母几次争论都被父母说："长大了，你就知道我们的良苦用心了！"一个小学五年级的孩子和我说，他一周被父母安排要上八个课外班，其中作文课根本学不到东西，他和父母说过好几次，不要学了，纯粹是浪费钱，可是父母根本不理，认为孩子偷懒。在这种情形下，很难说亲子关系能维持良好，孩子不愿意和父母沟通也可以理解，因为父母根本就不听孩子的意见。

据调查显示：初中阶段，课程门类逐渐增加，各学科的综合性逐渐增强，难度逐渐加大，有的孩子出现安于现状或懈怠的学习态度。很多孩子将学习问题归因于客观性因素，如学习难度加大，但家长多倾向归因于子女的主观性因素，二者对学习问题的归因明显不同。这种对学习问题的认知不一，自然容易引发诸多亲子矛盾。

如果真像孩子所言，"除了学习就不会聊别的"，与孩子沟通缺乏多角度多层面，孩子自然会感觉有些乏味，如果我们的语气还总带着责问、命令，那孩子就更不愿和我们沟通了，这会造成亲子沟通的断层，在情感上自然也会疏远。

要和孩子拉近距离，家长要谈孩子感兴趣的话题，比如孩子喜欢看娱乐频道、喜欢某个歌星或影星，家长也去了解这些相关的信息，并用请教的方式去询问相关的一些事情，孩子就会有兴致和你滔滔不绝地聊起来了。当话题一旦愉快地展开，孩子也会将一些其他的心里话慢慢向你倾诉。

进入青春期的孩子会有很多内心的小秘密，他们更多会将同学、朋友作为倾诉心事的首选对象。据调查，初中生向父亲或母亲倾诉心事的比例均在 15.50% 以下，跟朋友、同学交流心事的比例在 48.07% 以上。

孩子之所以更愿意与他们年龄相仿的朋友沟通，是因为大家有着共同的情感体验和烦恼，在朋友那里才能得到更多的宽慰和理解，所以，好朋友才是敞开心扉的重要人选。在这个年龄阶段，朋友在青春期孩子的内心中的位置，一般要高于父母。

如果实在不能改善沟通，又想要了解孩子内心的情况，父母只需要和孩子的好朋友保持密切的关系，多让孩子邀请朋友来家里做客，充分地尊重孩子的朋友，只要孩子那里有什么风吹草动，至少有"内线"可以如实相告，我们再根据掌握的情况，帮助孩子解决产生的问题。

平日里与孩子相处得久的，除了好朋友这个内心的探测仪，还有老师这个扫描仪，孩子在学校有什么异常举动，老师会感觉到。孩子有时候会把在学校发生的不愉快带回到家里，而我们只是感知到他的不良情绪，却不知道原因有可能出在学校这个空间里，而不是我们对孩子做错了什么。

和老师做朋友，经常与老师保持良好的沟通，会让老师感受到尊重，会对孩子更加留意一些。我也在学校做过老师，对此深有体会。

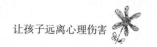

一个班级那么多孩子，全部顾及是不可能的。老师注意到的，要么是学习成绩特别好的孩子，要么就是总是调皮捣蛋的孩子，要么就是家长平时多和自己进行沟通的孩子。如果家长平时多和老师汇报孩子的情况，如生活趣事、成长点滴、教育的困惑等，老师自然会对孩子多一些了解，情感的链接也更深。

7. 为何孩子总嫌我唠叨？

家长：因为穿衣服的事，我经常和上初中的女儿僵持不下，我说这几天气温不断下降，就想让她多穿件衣服，可她偏不穿，每天早晨就是一场拉锯战。女儿不仅不听我好言相劝，还反驳我说："有一种冷叫你妈觉得你冷。我不觉得冷，而且穿太多体育锻炼反而不方便，根本迈不开腿。"我怕她着凉，这是为她好啊，万一受凉，以后生病怎么办？孩子现在怎么就这么倔呢！

伴随着青春期生理上的急剧变化，孩子的心理也出现了飞跃式的发展。他们敢于质疑家长的权威，对问题提出自己的看法，对简单、粗暴的说教方式不盲从，甚至拒绝接受。同时，孩子的个性也处在一个"暴风骤雨"式的发展时期，自我意识迅速发展，成人感增强，要求别人尊重自己，渴望获得和成人一样的标准和评价。

天冷了，让孩子多穿一条秋裤而引发的亲子矛盾，看上去并不陌生，回想我们当孩子那个年代，似乎也因为这类事情总嫌弃父母唠叨。

之所以不愿意听父母这样的唠叨，很大程度上取决于父母没什么新词，反反复复总是这些话，听得多了，就容易造成"超限逆反"。超限逆反是一种生理和心理上的自卫本能，是机体过度接受某种刺激产生的逃避反应。心理学研究表明：刺激过多、过强或作用时间过长，就会引起心理极度烦躁或逆反心理。

每天吃一样的饭会腻，就算是山珍海味；每天听同一首歌会烦，哪怕是经典金曲；每天看同样一张脸会厌，哪怕是美女赛天仙。同样，总反复说同样的话，也会令孩子生厌。很多妈妈经常说的话就是："别着凉了，长大了生病！"或者劝阻孩子不成功时会说："不听老人言，吃亏在眼前！"还有的家长经常说的一句话就是："想当年我……""我走过的桥比你走过的路还多，我吃过的盐比你吃过的饭还多……"家长总希望通过这些语言让孩子重视自己的意见，但是这些语言用得多了，就会造成孩子的反感。所以，如果总想表达一个主题，不妨换换其他丰富的词汇。如果您想提自己小时候的事情，不妨找一个孩子比较崇拜的和自己同一个时代的人，换成"这个人当年"——只有孩子感兴趣的信息，他才愿意主动吸收，否则说多少也没有用。

有的家长犯愁了：那我词汇贫乏怎么办？如果在沟通内容上不能做到丰富，那可以在沟通的方式上来搞搞花样。我们可以尝试多渠道的沟通方式。

我家里有一个白板，平时有什么事情就在白板上给女儿写留言。比如："爸爸妈妈晚上大概要7点才能回来，你自己用桌上的钱解决一下晚餐吧！自己照顾好自己哦！"在留言的后面再画一个笑脸。在白板上留言，可以说一些平时在言语上不好意思表达的爱和情趣，增进沟通的趣味性。

小字条也非常具有微妙的传情达意的作用。写过小字条的父母一定不会忘记收到别人字条时的神秘。有个诗人说：

剪一张小纸，
把想说的话写给你。
不想用手机来传递，
字条里的秘密。
因为，想让你看到我的笔迹。
开心时，

字条上洒些苹果般的香气。

伤心时，

滴下我的泪滴。

原谅我的神秘，

因为我想给你留下更多的回忆。

不要说，看字条，

是繁琐地寻觅。

因为，字条里，

藏着我对你的爱意。

小字条可以传达很多其他方式不能表达的信息，比如你想表达爱，可以在纸上留下唇印，你想表达特别的情趣，还可以将小字条折叠得很有创意……小字条可以带着香味，带着汗与泪的痕迹……它就是一个承载多渠道信息的载体，就是心灵直通车，这种沟通方式孩子能不喜欢？

除了这些非正式的方式，我们还可以利用信件来作为严肃沟通的途径。在孩子生日、毕业典礼、成人礼等重要时刻，可以给孩子郑重地写一封信，回顾孩子的成长，对孩子寄予希望，和孩子说说心里话。这将是孩子成长历程中的重要节点，这样的信件具有仪式感和历史意义。

现在有些孩子已经有了自己的手机，用网络交流也可以成为亲子间的沟通渠道——如果孩子的个人社交页面不对我们屏蔽的话，我们就可以根据他发出的信息及时了解孩子的思想动向，但很多时候我们得不到这样的待遇。即便只剩下发微信的功能，我们也会在打字之前，考虑一下措辞，再配合一些轻松幽默的表情包来增进双方的情感，不会像口头语言那样容易口不择言。

除了口头语言和书面语言之外，我们也可以充分利用非语言的沟通方式。

语言学家艾伯特·梅瑞宾提出了一个著名的沟通公式：沟通的总效果 =7% 的语言 +38% 的音调 +55% 的面部表情。可见沟通效果的好坏，面部表情起了关键作用。在生活中我们不难发现，常常微笑的父母总是能博得孩子的喜爱。当孩子有了不错的表现，你一个充满欣赏的笑容可能比我们干巴巴地说"乖孩子，真懂事！"要更显得真诚。

特别是亲子关系已经非常糟糕的家庭，我在做咨询的时候往往会建议家长尽量少说话，能用肢体动作表达的尽量不要说话，因为做到要比说到更令人信服。拥抱、亲吻、抚摸，这些在孩子上小学前父母对孩子表达爱意的行为都到哪里去了？没有了这些触觉上的沟通，家庭教育变得枯燥乏味，失去了生命原有的色彩和温度。

有的家长感到为难：孩子大了，我们再去拥抱亲吻孩子怕是不好意思了！其实，如果一直养成这种触觉亲密接触的好习惯，孩子大人都会比较适应，只是后来家长不再使用这种沟通方式了。我曾在火车站看到一个看上去要和男友出去旅行的姑娘，没走几步就转回头来和妈妈亲吻，这样的镜头上演了好几遍，让旁观的我感觉好温馨！当一个人处于情绪的低潮期，你给他一个大大的拥抱，他会是什么感受呢？如果我们自己有过这样的被拥抱的感受，你一定会明白这个动作给我们带来的心灵震撼远比语言要强烈得多，并且身体会永远记忆这一刻。

如果你们的肢体亲密已经疏远很久，也可以采取由浅入深的方式修复你们的这种美好的沟通方式，你可以注意从眼神交流、握手、拍肩膀、亲昵地打闹开始，逐步让自己和孩子适应。

有一次我遇到一个来到学校就大哭不止无法上课的孩子，把他叫到咨询室后，什么都没说，只是把手放在他的后背上，轻轻地抚摸，这样持续了将近 15 分钟，孩子一直哭，我只是这样安静地陪伴着他，用我未曾间断的规律性动作来告诉他我一直对他的耐心陪伴和接纳。后来，孩子的哭声渐渐变小了，开始和我诉说他心中的痛苦。

另一个在走廊里大喊大叫要离开学校，再也不想上学的孩子，也在我这样无声的陪伴和抚摸下，将情绪平静了下来，倾诉完她的委屈之后，抹掉眼泪回班级里上课去了。

这就是肢体沟通的力量，这种沟通方式有着语言所达不到的魔力，家长何乐而不为呢？

8. 看个日记，我就错了？

家长：孩子在学校里与同学和老师有说有笑，可一回到家里就变了样，许多事情也不跟家长说，经常把父母说的话当耳旁风。想知道他们的真实想法，就只能多方探听。后来，我只能采取"特殊"的措施，经常查看孩子的日记和手机短信，后来被孩子发现，把短信全删了，把日记也给烧了，还气得好多天都不和我说话。我错了吗？我是孩子的监护人，我有权了解自己的孩子，可他们又不会跟我们说，我只能通过这种不怎么光明正大的手段来了解。

我们先不说看孩子日记是对还是错的问题。我们先来看一个故事：

本来婚期都定了，但是因为遭到未婚妻的突然疏远，男方感觉很无辜，自己没做错什么呀？如果说他做错了什么，倒是有一件，那就是把自己家的钥匙给了她。

有一天，她帮未婚夫去家里拿东西，打开门，赫然发现她未来的公公竟全身光溜溜地坐在沙发上，看色情录影带。

她吓得赶快退出来了。只是从此不敢再去面对她未来的公公和婆婆，也不愿再面对她的未婚夫。

他们终于分开了，直到最后，那个未婚夫都不清楚原因，而他的未婚妻，也羞于启齿。

本来好好的两个人，就因为儿媳撞见了公公的隐私而无奈毁了一桩本来美好的婚姻。在生活中，我们也会有类似的体会。比如有一次我去看一个新家的装修，钥匙在我表弟手里，是房主拜托他帮忙租房而寄放在他那里的。来到房门前，表弟没有直接开门，而是先敲了一会儿门，没有动静才打开房门。

当时我还有点差异：这个新装修的房子也没别人住，干吗还要先敲门呢？后来马上明白了：房主除了给表弟钥匙外，自己也很有可能有钥匙啊，如果人家过来住一晚呢？如果人家正在里面上厕所呢？正在里面洗澡呢？或者……除了给了表弟钥匙外，万一还给了其他房产中介呢？而房产中介的小伙子以为空房安全，和女朋友在这里谈恋爱呢？

谁没有点隐私呢？将别人的隐私暴露在光天化日之下，不仅令当事人无地自容，也永远无法和窥视者保持正常的关系，就像被别人抓住了小辫子，且无法挣脱一样。

随着身体和思维的发展，青春期的孩子已经具备了成年人的意识和隐私意识，不像小时候那样透明。而此时，家长还把孩子当成自己的私有财产，那么两代人之间就容易发生冲突。如果还是想不明白，就想一想那个未婚妻为何要与未婚夫分手！

将入门，问孰存，将上堂，声必扬。这些古训都在告诉我们如何尊重别人的隐私。当孩子进入青春期后，家长应该成为孩子成长的陪伴者，给孩子一定的空间，让他们去想、去做自己的事情，在孩子的青春期阶段给予有的放矢的关心，切不可通过偷看日记等方式了解孩子。在孩子不求助时静观其变，当孩子求助时适时引导。

孩子也是一个独立的人，也有自尊，偷看孩子的日记是对孩子人格的侵犯，是对孩子的不尊重。我国在法律上对此都有相关的规定。《未成年人保护法》第三十九条规定："家长不得私自看孩子的信件、日记、电子邮件这些东西。"因此，孩子的隐私是受法律保护的。"看个日记"，不仅是错了，还违法了呢。

有的家长，在孩子青春期主动送给孩子带密码的日记本是个明智之举，一方面表示对孩子的理解，另一方面也表示对孩子隐私的尊重。

想了解孩子，一个不错的办法是了解孩子喜欢的音乐、书籍、电影等，这些都是影响他的思想的重要渠道，通过孩子感兴趣的话题再扩展话题，你就可以了解孩子对很多事情的态度。也可以每天下班抽出半小时，晚饭后和孩子一起散散步，在轻松的状态下，一般人都会乐于交流。

9. 抽烟很"酷"？

家长：我最近总在儿子的房间闻到烟味，问他是否抽烟还不承认，后来我在他房间找到了一个打火机，他才承认自己在抽烟，并说这叫"酷"。他说我也是烟民，为什么就不能让自己的儿子抽烟？一句话说得我没词了。我都抽了二十多年了，戒也不好戒，但是我真的不希望儿子抽烟，毕竟对身体不好。

由于在学校里是禁止吸烟的，有些青春期的孩子就会跑到厕所去抽，抽烟对他们来说并不是舒服，而是觉得很酷，这种感受很特别，而他们刚好要享受这种特别。

由于爸爸吸烟，孩子耳濡目染并不觉得吸烟有什么不好，因为如果真的不好，爸爸也不会抽了二十多年。如果孩子曾觉得爸爸抽烟很酷，很有个性，长大了就有可能模仿。为了表现得更有个性，还有的孩子拿烟在自己的胳膊上烫上疤痕。所以，要想让孩子戒烟，爸爸还真的需要以身作则。

好朋友的影响也非常重要，根据社会心理学的社会传染理论，行为或情绪会以类似多米诺效应的方式在某个群体传播，只要好朋友经历了，其他人很快就会受到影响。如果孩子的朋友有吸烟的，他也会效仿这种行为，青春期的孩子非常需要同伴的认同，而模仿他的行为就是最简单的方式。家长最好联系一下孩子朋友的家长，共同来解决这个问题。吸烟还与情绪抑郁有关，有些人吸烟是为了麻痹自己。所以，需要观察孩子是否近一段时间以来有不愉快的事情发生。

10. 出口成"脏"的不良少年

　　家长：最近，孩子的同班同学到家里来找孩子玩，我准备叫他们吃饭的时候，听到儿子对同学说："你大爷的，你怎么会……"听了孩子说脏话，真让我大吃一惊。吃饭的时候，我假装什么事情也没发生，又听到孩子和朋友说起学校的事情时说："你他妈的……"我立刻生气地对孩子说："怎么说话呢？"结果孩子的朋友笑嘻嘻地说："没事，阿姨，我不介意。"看样子，他们之间经常这样说话，已经习以为常了！

　　进入青春期的一些孩子喜欢开口闭口说一些无意义的脏字，就像口头禅一样总挂在嘴边，这让家长们有些焦虑，感觉孩子表现得粗俗，会让别人觉得自己缺少家教，父母没有当好。

　　其实，家长们也不用过度焦虑。对于有些青春期的孩子来说，彼此之间说脏话是他们的一种交流方式，并且是友好的表达方式。当很亲密的人在一起时，在语言上就不会有所顾忌。当闰土毕恭毕敬地称童年的伙伴为"老爷"时，他们之间的友谊就结束了。

　　有的孩子曾向我反映：他认为说脏话，是踏入成年人世界和踏入社会的必备技能，显得自己长大了，成熟了，说脏话是"豪爽""时髦"的表现，只有儿童才不说脏话。这真是孩子对"成年人"的误解。

　　有的孩子说脏话，并不知道这是脏话，只是听别人都这么说，自己觉得挺酷就跟风，比如一些英语或者日语的骂人的话。如果孩子真的知道这其中的真正意思，就会减少使用了。

　　脏话，一定程度上带有很强的力量，有加重语气的意思，当孩子与同伴发生冲突或者愿望得不到满足时，他们往往也会以说粗话脏话的形式来发泄心中的愤怒或不满，这样说出的脏话在一定程度上可以舒缓孩子紧张的心情。孩子的语言能力有限，如果用普通的话不能制止对方，冒出脏话来，对方不再接茬，孩子就会感觉到脏话带来的好处，这也是强化孩子说脏话的又一个主要原因。

说脏话还会满足孩子被人关注的心理需求。在班级中，偶尔有一两个人爆粗口，其他人的目光便被吸引了，当事人也许会在那一瞬间感到羞愧，可在意识到他人并未对自己产生鄙夷，反而好奇地看着自己时，他的心态就会产生微妙的变化，从此便有了越来越多的哗众取宠的行为。

那是什么原因导致青少年说脏话呢？

如果家长说话粗俗，满口脏字，这就很容易使孩子去模仿。因此，家长应该提高自身的修养，为孩子做出良好的榜样，即便是在发火时，也使用文明的语言。另外，公开场合的争吵、夫妻之间的对骂，都会给孩子带来负面的影响。

如今，网络信息发达，在让人眼花缭乱的文字、图片和视频信息中，必然会掺杂着一些不良信息，潜移默化中诱使青少年们模仿说脏话。青少年本人察觉不出其中危害，便会错误地仿照消极、粗俗的言语。甚至一些表情包中也频频出现脏话。当然，这会让我们感到一瞬间的惬意，但这却严重地向我们传达了一种错误信息——说脏话是正常的，这在无形中促使了青少年大胆、不羁地说脏话。因此，让孩子的信息环境健康很重要，平时多鼓励孩子看一些高品质的电影和电视节目，远离垃圾信息。

还有一个重要的渠道，就是同伴的影响。如果孩子很欣赏的一个朋友说脏话，他就很有可能随之受到影响。如果班级里有个说脏话的团体，而孩子迫切地想加入以获得他人关注时，他就有可能模仿他们的行为。平时家长要关注孩子的朋友们都是什么样子，尽量引导孩子去结交举止文明的孩子。

02

"追星是我的权利！"
——怎么把偶像崇拜控制在合理范畴

　　处于青春期的青少年，被恰当地形容为正在经历"心理断乳期"。这一时期，我们的孩子正在逐渐失去幼年时对家长的情感依托，而偶像崇拜就是他们寻找到的一种新的寄托方式。有的家长对孩子的偶像崇拜行为表示认同，认为这可以使青少年以更高的价值标准来要求自己，并为其尽快进入成人的角色做好准备工作。

　　然而，我们依旧不能忽视一点。在偶像崇拜的过程中，孩子们往往容易陷入盲目的痴迷，继而做出疯狂的举动。当他们完全被某一个偶像占据了所有心理空间的时候，自我约束的机制就会在无形之中被削弱，因此他们也就有可能做出超越社会规范的行为。在父母的眼中，光芒四射的偶像似乎并不应该成为孩子学习的榜样，但每个大人曾经都是孩子，我们青春年少的时候一样也追过星，只是过后以相对成熟的心态来回头看，才会发现当初的幼稚。

　　共青团中央宣传部、中国青少年研究中心不久前对青少年偶像崇拜现象进行了专题调查，调查涉及北京、上海、天津、广州、西安、昆明及 3 个地级市、3 个县级市的 12 所大学、21 所中学的 2710 名大中学生。被调查的青少年中，有 50% 的人承认有过特别喜欢、崇拜某个"明星"的经历；有 34.5% 的人承认自己正在崇拜某个"明星"。其中初中生的比例达 49.3%。对值得崇拜的"明星"要具备的条件，被调查者的选择是：人格魅力、个性和气质、才华横溢、对社会有重大贡献、漂亮（英俊）等。

有意思的是，对青少年的"偶像崇拜"现象，被调查者父母的态度为：半数"不反对"、四分之一"反对"、四分之一"不关心"；被调查者老师的态度为：三成"不反对"、三成多"反对"、三成多"不关心"。

其实，在面对孩子的偶像崇拜行为时，父母不应该打压和抵制，而应该让孩子看到偶像身上积极的气场，进而产生学习的动力去改变自己未来的人生。

青春期个案
QINGCHUNQIGEAN

偶像公布恋情，粉丝瞬间崩溃

L 是中国内地近几年当红的影视男演员、歌手。某一天，他在微博上公布了自己女朋友的名字之后，好像在自媒体试射了一枚核弹。微博一度瘫痪，朋友圈也被男星 L 的各种信息刷屏。

作为此事的女主角，瞬间成为了 L 3900 万"女友粉"的情敌。"收获"了不少粉丝的谩骂，如"你这么丑配不上我们家 L 哥哥""L 真是瞎了眼会喜欢你""我要筹钱给 L 看看眼科了"等暴力言论。

除了恶意攻击女主角，还有的粉丝因为悲伤过度"粉转黑"，有一位 L 的粉丝得知两个人公开恋情后，一时不能控制自己的情绪，哭着感慨自己已经"生无可恋"……有媒体称，L的某些粉丝因为接受不了这个现实，有跳楼的，有割腕的……

在我们身边，总是会听到某某孩子狂热追星的信息。多年以前，就有让父亲卖房卖肾追星的女孩；近年来，有学生花3万元给偶像在轻轨上送祝福打广告；有8岁男童花光家里9万多元积蓄，打赏游戏主播……

偶像崇拜是在青少年群体中十分普遍同时又令人瞩目的现象。偶像身上的光环效应，再加上媒体的夸大之辞，很容易就会给青少年造成盲目追求的心理倾向。过度偶像崇拜，往往会把个人喜好的人物看作是完美无缺的，从而导致了极度的认同感，并且伴随着深切的情感依托。

1. 青春期的孩子需要一个模仿对象，而明星偶像最容易成为孩子心灵的寄托。

偶像崇拜并非偶然。青春期是从儿童向成人过渡的特殊发展阶段，这一时期的孩子有着既不同于儿童也不同于成人的心理状态。情绪波动、叛逆行为、从众行为等，都是表现在青春期孩子身上的明显特质。而偶像崇拜，只是这一系列心理变化的一个附属品。

青少年都要经历一个从自我迷茫到自我确认的过程，青春期正是发生这一过程的最佳时期。在孩子们形成自我认知的过程中，模仿对象处于一个十分重要的位置。因为叛逆心理的产生，父母的权威性逐渐衰落，已经脱离了儿童期的青少年急切需要另一个心灵上的依托，明星偶像等则会"乘虚而入"。

处于精神困惑中的孩子们选择一个恰当的偶像，可以很好地投射出自我的价值所在，从而能够在群体之中得到认同感和归属感，实现心灵上的安慰和稳定，得到情感上的满足。但是孩子们容易把自己的偶像理想化、浪漫化、绝对化，容不得他人有不同的见解，甚至愿意以生命去追随，这也正是他们心智尚不成熟的表现。在偶

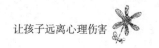

像崇拜的过程中，往往情感要大于理智的成分。

2. 过度偶像崇拜容易让青少年出现脱离现实生活的行为特点。

偶像崇拜的副作用也十分明显，这同样也是基于孩子们尚处于青春期这一特殊的年龄段。过度的偶像崇拜，往往会令青少年产生超越现实和自我的情感体验。因此，他们就会表现出排斥现实生活，有不切实际、好高骛远等行为特点。

偶像崇拜所导致的负面效应，往往源于孩子们对自己缺乏足够的自信，从而把目光放在遥不可及的偶像身上。从一定程度上说，青少年的偶像选择与教育者所期望的榜样有较大的距离。事实上，想要帮助孩子们从虚无的偶像崇拜中脱离出来，成人的说教能够起到的作用相当有限。

心理学家埃里克森曾经提出一个"心理社会合理延缓期"的概念，也就是说，在青春期这一个阶段，孩子们需要足够的时间去调整自我以便逐渐适应社会。因此，纵然偶像崇拜的副作用十分明显，家长还是要以理解和宽容的态度来接纳孩子，从而帮助他们顺利地度过这一段整合期。

对父母来说，没有人希望看到孩子因为偶像崇拜而耽误了学业。在和孩子交流的过程中，父母需要把平等和尊重放在第一位，站在孩子的角度而不是一个旁观者的角度去看待偶像崇拜这件事情。为什么要崇拜偶像，崇拜偶像什么以及应该如何去崇拜偶像，都是需要探讨的话题。

要了解到，偶像崇拜本应成为成长岁月中的一段美好记忆，而不是极端行为的导火索。父母和孩子都意识到这一点之后，双方才能真正心平气和地去看待这件事情并找到合理的解决之道。

粉丝后援团团长离家出走

初三的女孩金贤特别迷恋韩国某个乐队组合，可以说是超级粉丝，每天晚上都把自己关在小屋里看这个组合的视频节目，她还是网上这个乐队组合的粉丝后援团团长，每天忙着组织粉丝活动。她把零花钱都用于买这个组合的海报和周边产品，玩与这个组合相关的游戏，买他们代言的产品，甚至花上千元钱买门票看这个组合的演唱会。

因为已经初三了，学习非常紧张，金贤如果还这么投入时间在偶像身上，恐怕考上理想的高中就是一个梦了，这让金贤的父母非常的焦虑。终于有一天，金贤的班主任打电话找到家长，说金贤因为偶像的粉丝活动，上课时间一直在摆弄手机，很担心她考不上高中。

金贤的爸爸听了班主任的话之后冲进金贤的房间就把墙上贴的海报全部撕下来，并且把一些带有偶像的物品砸烂了。

金贤回到家，看到这个场景，气得说不出话来，半天才哽咽着说："你凭什么碰我的东西？你凭什么碰我的东西！"

"你再这样执迷不悟，高中就别想上了！"爸爸也在气头上。

"不上就不上，有什么大不了的！"

金贤哭着离开了家，好几天没有回来。

偶像崇拜、追星，是正常的成长现象。只不过，每个孩子表现的程度不一样而已。不同的时代，崇拜的对象不同。

心理学家认为：观看和收集偶像的消息，属于低崇拜的娱乐社交水平，崇拜某个明星主要出于娱乐目的。而那种对偶像的强烈依恋，则属于中崇拜的强烈个人感觉水平。至于将偶像的成功和失败等同于自己的成败，沉迷于偶像的生活细节，则属于高崇拜的病理边缘水平，这部分以初中生居多。

之所以青少年有偶像崇拜现象，是因为这是青少年追寻自我的主要表现方式，同时也是青少年融入某个团体的手段，追星能让自己有归属感，让人知道自己属于哪个团体。

青少年崇拜的偶像，一般都有英俊貌美、才艺出众、富裕多金的特点，这对成长在娱乐化和物质化社会的青少年很有诱惑力。有些青少年期待自己能像偶像一样一夜成名，名利双收，改善自己的生活和社会地位，尤其是那些家庭收入水平低的青少年反而会在偶像商品上花更多的钱。

一般来说，大多数孩子对偶像的崇拜达不到案例中的极端，不会达到高崇拜的程度，家长就不必太担心。一般来说，孩子经过儿童期对父母和老师的崇拜，会过渡到青春期对歌星和影星的崇拜，青年时期，则会崇拜社会成功人士。虽然青春期的孩子都崇拜明星，但通常属于娱乐社交水平的低崇拜，这种对明星的崇拜在15岁左右达到顶峰之后，就会随着年龄的增长逐渐下降。

随着阅历的增加，他们自会明白应该去选择最适合自己的偶像和生活方式。过去，我们往往把对某个名人的喜欢深深埋在心底，现在的孩子敢于大胆地表现出来，是时代的进步。但倘若把明星当成了自己的精神主宰和信仰，别人稍有言语上的不敬就会暴力相向，这样做很明显是走进了偶像崇拜的误区。

1. 追星只是健康的生活情趣之一。

在当前的教育体制下，孩子的课业负担比较重，缺乏足够的课余时间，因此难免会产生较大的生活和精神压力。在这种环境氛围之中，青少年乐于寻找快乐的本性是压制不住的。因此，我们的孩子才会在有限的时间里面把目光投向了满是明星偶像的娱乐圈。不论是音像制品还是其他娱乐产品，对孩子来说都是愉悦身心的方式。

2. 正向强化，让孩子与偶像愉快同行。

青少年的心理、性格、情感的健康成长，和对明星偶像的崇拜密切相关。为了避免极端情况的出现，家长应引导孩子"愉快地"与偶像同行。家长要明白，孩子喜欢一个人、一件事肯定有自己的道理，家长要试着鼓励他们把自己的想法说出来，引导他们往好的方面发展，学习偶像人格中积极的方面。

3. 引导孩子看到明星背后所付出的努力。

在和孩子进行沟通的时候，我们应该尝试着让他们懂得明星的成长也需要努力，也有艰辛和酸楚，要看到鲜花和掌声背后的奋斗，尽量避免孩子产生明星身上的光环都是不劳而获的想法。注意引导孩子学会多向的思维方式，对青少年偶像崇拜这件事情科学地进行干涉和介入，最终促进孩子的健康发展。

有个故事，你可以讲给孩子听，让他能从明星的角度思考问题，请他想一想明星会尊重和喜欢哪些人，自己会不会成为明星尊重和喜欢的人呢？

阿涵是当红的电影明星，不论走到哪里，都会遇到狂热影迷的追捧，如果不带着保安，索要签名的人们很可能将他挤死，因此，他到哪里都要戴上墨镜和帽子将自己牢牢掩饰住，尽量不暴露自己的身份。

有一天，他独自开车的时候发现车坏了，就将车开到检修站，一个女工接待了他。她熟练灵巧的双手和俊美的容貌一下子吸引了他。

他把帽子和眼镜都摘了下来，但这位姑娘看他的时候，却丝毫没有表示惊异和兴奋。哪个城市的人不知道他呢？难道这个姑娘不认识他？

"您喜欢看电影吗？"他禁不住问道。

"当然喜欢，我是个影迷。"

她手脚麻利，很快修好了车："您可以开走了，先生。"

他却依依不舍："小姐，您可以陪我去兜兜风吗？"

"不，我还有工作。"

"这同样也是您的工作，您修的车，最好亲自检查一下。"

"好吧，是您开还是我开？"

"当然是我开，是我邀请您的嘛。"

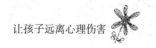

车行驶得很好。姑娘问道："看来没有什么问题，请让我下车好吗？"

"怎么，您不想再陪一陪我了？我再问您一遍，您喜欢看电影吗？"

"我回答过了，喜欢，而且是个影迷。"

"您不认识我？"

"怎么不认识，您一来我就认出您是著名的电影明星阿涵。"

"既然如此，您为何这样冷淡？"

"不，您错了。我没有冷淡，只是没有像别的女孩子那样狂热。您有您的成就，我有我的工作。您来修车是我的顾客，如果您不再是明星了，那时再来修车，我也会一样地接待您。人与人之间不应该是这样吗？"

阿涵沉默了。在这个普通女工面前他感到自己的浅薄和狂妄。

"小姐，谢谢！您给我上了一堂生动的课，我真的该反省一下自己了……"

人和人之间本来是平等的，那些大人物之所以高大，是因为崇拜者在地上跪着；当人们仰慕他们头上的光环的时候，就会忽略了自己的生活和价值。即便是一个普通人，只要他能够安安心心地去发挥自己的光和热，也同样是很有价值的。如果盲目地陷入对他人以及他人生活的崇拜中去，最后爱屋及乌，连同他人的缺点也如神明一样汲取了，就迷失了自我。偶像崇拜不是一个坏事情，从偶像的身上汲取对自己有励志价值的东西，才是发展自己的明智之举。立足自己才是关键。

互动专区
HUDONGZHUANQU

1. 喜欢娱乐明星，孩子会不会变成"绣花枕头"？

家长：我真的想不明白，孩子怎么会喜欢那些整天花花绿绿的大明星。如果他喜欢一些文化界的名人，我倒还是可以理解的，可他却偏偏喜欢那些唱歌跳舞的人。这样发展下去，我的孩子会不会变成"绣花枕头"啊？

其实，在对孩子进行引导之前，首先要改变的就是这位家长。偶像崇拜是当今青少年精神生活的重要内容。以中学生为主体的青少年，把明星作为自己的偶像，这是一个时代的特征，我们不能用自己固有的观念和想法去评判孩子的对错。选择什么样的人做偶像，是因人而异的，我们无法要求所有的人都去崇拜同一个人。更何况，不论歌星还是影星，只要他的形象是积极健康的，而我们的孩子又能够有节制地喜欢这些人，那也不算是个坏事情。有了偶像，孩子们才会有奋斗的目标。比如有的孩子喜欢吴亦凡，那么可以引导他吴亦凡不仅长得帅，歌唱得好，篮球也打得好，还是跨国人才，从哪个点入手引导孩子都有利于孩子的成长。如果他能够把偶像当成自己的励志榜样，激励自己不断进步，这不是我们大家都希望看到的吗？我们作为家长，理应尊重他们的选择，而不是干涉他们的选择。

2. 什么样的"追星"表现我们该警惕

家长：我的孩子就特别喜欢一个唱歌的明星。虽然我不懂她到底为什么喜欢那个明星，但孩子高兴了，就不会去管那么多。但看了许多因为偶像崇拜而疯狂的孩子，尤其是过去有太多极端的例子

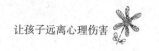

让我也开始担心起来。我想问一下，盲目的偶像崇拜都有哪些不良的表现呢？

有些青少年，在选择偶像的时候，从来不去关心自己为什么喜欢该偶像，只是单纯地人云亦云，觉得明星外表英俊漂亮，就对他们一见倾心。这其实就是盲目崇拜偶像的直接表现。

拜金主义是盲目崇拜的延伸品。偶像剧中的富家子弟，大多花钱如流水。这样的剧情设定，往往对青少年有着致命的杀伤作用。这些孩子不断地向家长要钱，在学校扮大款，如果你的孩子经常性地向你要钱，你就应该有所警觉了。

只注重外表的华丽，不注重内在的文化素养。越是盲目的崇拜，就越看不到偶像背后的素养。这也在很大程度上影响着青少年看待问题的深度和广度。受此影响的孩子过分追求外表，穿衣戴帽都要追求名牌，这也是一种信号。

当你看到孩子身上出现类似情况，就需要和孩子坐下来谈谈心，互相探讨一下偶像崇拜的限度所在了。

3.不当追星族，就交不到朋友

家长：最近孩子央求我去吃肯德基，说吃肯德基能得到一个大明星的海报。过去没看她对明星这么上心呀，我就问她也成明星的粉丝了？孩子无奈地说，班级里很多同学都喜欢这个明星，课下讨论的都是关于这个明星的话题，如果自己不多了解一些这个明星的信息，掌握一些她们没有的明星资料，好朋友都距离自己远了。而这个海报，就能成为引发好朋友们尖叫的礼物。

崇拜偶像明星是许多青少年的个人行为，一旦这种着迷扩大至群体，所涉及的层面也就不再单纯。这就好比大学里，有各种兴趣社团，这已经转化为人际关系的联结因子，若该群体中有人不从众，就有可能被视为不合群，严重的话甚至会遭到排斥。而从众行为是青少年建立、维系人际关系的关键。

有一个针对青少年友谊关系的研究表明：不崇拜偶像的学生，很有可能交不到朋友；青少年若没有朋友，不但可能导致学习成绩下降和忧郁的倾向，也容易出现打架闹事等偏激行为。

青少年如果生活缺乏重心，例如人际交往不太活络，和周围的人关系不密切，往来不频繁，或者因为没有异性朋友，感觉生活无趣，就会加入诸如歌友会等组织，结交一群志趣相投的新朋友，大家一起来追星，以建立新的生活重心和目标。

因此，追星确实是孩子交朋友的重要渠道，只要不过分，家长就不必过于干涉。

4. 儿子要把头发染成和偶像一样

家长：儿子喜欢一个演员，经常追他演的剧和他参加的任何节目。近来看到他的偶像把头发染成了灰色，感觉非常酷，就和我们商量，也要把头发染成灰色。我说过学校不会同意他的这种行为的，他却说学校里已经有人染发，也没见有人管。我一时没有了词。想到自己青春期的时候，曾经觉得男生留长发很酷，就把头发留到肩膀，但是我母亲非常反对，有一次趁我睡觉时，竟然用剪刀给我剪掉了！因为"头发事件"，我气得很久都不愿意理睬我的母亲，心中愤怒了好久。现在轮到儿子挑战我了，我知道强迫没有用，但是他这样出格的举动，我也是不赞成的。内心有点矛盾……

这个爸爸也曾有过很想"炫酷"的青春期，但是家长的粗暴行为给他留下了心理创伤，如今孩子长到了自己当年的年纪，也同样要在头发上做文章，爸爸内心却矛盾了。

首先，我们要了解青春期孩子的成长规律和心理需求。

有些青少年为了效仿偶像，或者为了表现自己与众不同，就喜欢在服饰和头发上大做文章，比如染发、接发、穿耳洞、穿鼻环、刺青、彩绘指甲以及穿奇装异服等。如果孩子本来就学业突出、容貌出众或者家世背景有优势，再加上特殊造型，等于锦上添花；但是缺乏上述优势的孩子，更希望通过独特的外表来获得渴望的关注，成为同龄人谈论的对象。

如果孩子的死党们也都有类似的追求，都有相似的打扮，听同样的音乐，参加类似的娱乐活动，通过"共性"来获得认同和支持。那么死党们都崇拜这个偶像，都已经把头发弄成了这个样子，为了避免不合群，不遭受排挤，孩子也很有可能追随他们的行为。

与其一味排斥或者防堵染发，不如了解孩子染发背后的原因，并且和孩子说清要将健康因素纳入考虑范畴。

有个爸爸在听到孩子要染发的要求之后，表示非常支持，他很理解年轻人想表现自我的思维，头发是自己的，爱染成什么样子都可以，自己没有任何意见。但是，他说可惜自己并不了解染发药剂，无法针对染发提供最好的建议。然后，他把一个皮肤科医生朋友的电话号码给孩子，希望儿子自己联系一下这个医生，询问一下染发剂的化学成分以及会对头皮产生什么影响或者副作用。这个人是这方面的专家，一定会提供最好的意见。只要他说没问题，父母就赞成孩子把头发染成任何颜色。

后来孩子没有染发，家长也没追问，事情就不了了之了。

这位爸爸采取了欲擒故纵的技巧，他的积极支持其实与内心真正的目的相反，但是儿子经过思考之后，所做出的决定恰恰是这个爸爸所希望的。

我曾为一个女孩做过心理辅导工作，她学业不佳，在学校里总是头疼，唯一的乐趣就是看动漫，然后玩角色扮演（Cosplay）游戏，通过自己化妆，亲手做服装，把自己打扮成动漫里的角色，对她而言这是最好的解压方式。在辅导过程中，我发现这个孩子有美术的天赋，听说她父母要送她出国，我就鼓励她以后可以在那个国家学习动漫或者化妆相关的技能，这样未来就可以成为跨国人才。通过那次的沟通，她总是紧皱的眉头终于松开了，变得越来越开心。

同样的事件，不同的解决方式，运用到这些爱冲动的青春期孩子身上，还可能酿成悲剧。

2002年日韩世界杯结束后，当韩国球迷在世界杯赛场欢呼雀跃时，土耳其却传来了一个噩耗：一个叫扎菲尔德的13岁球迷，想蓄风靡本届世界杯的"莫西干头"，但是遭到了父亲的粗暴干涉，盛怒之下上吊自杀了！

其实很多家长之所以干涉，主要是担心孩子花费太多的精力在头发上，容易荒废学业，但是若家长"只许州官放火，不许百姓点灯"，自己不以身作则，就不能要求孩子一定要做到。

况且，喜欢在头发上玩花样的孩子，未必就是课业不佳、行为不良的坏学生，两者之间没有必然的联系。

有时候，孩子染发也是对外部世界的一种宣战，比如孩子因为课业不佳遭到师长的批评时，可能直接采取对抗的方式来发泄心中的不满，在外表上做文章，就成为一条便捷的途径，这类孩子染发的诉求并非标新立异，而是内心的感受未被了解的一种表达。

所以，要了解孩子染发的真正原因，是纯粹的赶时髦、从众心态，还是抒发无法用语言表达的内心感受？如果因为外表影响课业和作息，很可能就是以这种行为填补内心未被满足的部分。若是只是想"秀"，也要了解他们通过染发想凸显的信息是什么，家长才好针对不同的情况加以引导，千万不可粗暴干涉，以免酿成不良的后果。

5. 女儿怎么喜欢女性化的男明星

家长：青春期的孩子追星我非常能理解，因为自己在这个年纪也喜欢过"四大天王"，日记本上都是他们的贴纸和他们所唱曲目的歌词。可是现在的孩子追星，我就不太理解了，我女儿怎么会喜欢"花样美男"呢？虽然是个明星，可是秀气得和女孩子一样，女

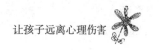

儿的审美是不是有问题啊？

也许在我们的父一辈看来，我们喜欢过的"四大天王"也是荒谬的，明明于荣光、张丰毅这种才男人嘛！历史总是惊人的相似。

每一代人的眼光随着整个世界而不断变化着，需求不同，粉丝注重点不同，眼光自然也不同。重要的是不要戴着有色眼镜看人，一个人能被许多人长久地喜欢，必定是有过人之处。

从另一个角度来说，现代偶像明星的各项指标称为人设，人设与明星的个人意愿基本无关，与市场的受众取向相关，也就是说，粉丝喜欢什么，明星就得变成那个样子。男明星的妆容是粉丝心中理想偶像的投射，是粉丝要求的结果，更是经纪公司和培养机构通过市场调研、反复博弈优化，才得出的最佳方案。对于明星来说，粉丝们喜欢的人设，只是他吃饭的工作而已。

从孩子崇拜明星的类型，还可以看出孩子当前的心理状态。如果女孩更喜欢男性化的影视明星，表明她已经恋爱或者准备恋爱了。如果她喜欢影视明星的女性化特征，则意味着她目前还不打算谈恋爱。

孩子喜欢的男明星只是有点"秀气"，也不能说明她只是喜欢他女性化的特征。对孩子喜欢的明星多一些了解，也许他有其他很多优秀的方面，只是我们还不了解。

6. 怎么控制孩子在明星上过度花钱？

家长：我儿子是某个影星的铁杆粉丝，买了他各种造型的海报、专辑，只要他拍的电影，必然要到电影院去看，手里拿的、平时用的，都是这个影星代言的商品——不管是否用得上，先买回来收藏再说。不到一年的工夫，花在这上面的钱有三千多元。这个阶段的孩子，不给点零花钱不合适，给了又担心他乱花，该怎么控制他呢？

很多孩子把大量的零花钱用在追星上，家长往往控制不住心中的怒火，但是一味指责和训斥孩子，禁止追星是收不到效果的。因为青春期的孩子叛逆心很强，强制的手段都是不明智的，还会使亲子之间矛盾重重。

有个家长的做法很值得借鉴。她先是指出孩子在追星上的过度消费，然后和儿子制定了一个规则，每个月的零花钱不超过一百元。儿子感觉太少了，不服气地说："我支持我喜欢的明星难道不对吗？"这位妈妈温和地说："你支持自己喜欢的人当然对呀，但是你应该凭借自己的实力去支持他。可是现在，你是一个单纯的消费者，还没有实力去支持他。"儿子听完就不再争辩了。

对于青春期的孩子来说，追星不仅是一项娱乐活动，更代表着一项重要的消费。如果平时孩子在此消费上花费小还行，如果花费过大，家长想不闻不问恐怕都不行了。但是，一定要有策略，以免造成孩子的逆反心理。

不阻止孩子追星，也不能放任随他追星，只要偶像崇拜在合理的范围内，孩子度过这个人生阶段，这种现象自然就会淡下去，成为他未来美好的回忆。

03

"我的爱是纯洁的！"

——早恋，管还是不管？

　　当孩子进入青春期，性意识开始觉醒。青春期性的需求，主要表现在孩子与异性交往中满足自己对异性的好奇心，以及释放性心理能量。正常的男女间的交往有利于相互了解，消除男女之间的神秘感，还可以起到智力上互渗、情感上互慰、个性上互补和学习中互激的作用。善于与异性交往的青少年往往是开朗、活泼的，心理不受压抑。但如果与异性的关系处理不当，就会造成严重的身心伤害，这也是令父母们想管又不好管的事情。

　　一个朋友慌慌张张地给我打电话，告诉我说大事不好了，11岁的儿子谈恋爱了，还有女生管他叫"老公"！随后她在网上把儿子和一个女生用她手机聊天的截图发给我。我在截图中看到那个女生先是问男生："你是不是不喜欢我了？"在男生否认后，就直接热情地直呼"老公"了，男生还是很理智，和女生聊天时还在说："我们是不是还太小了？"

男孩在用妈妈手机聊天后，也感觉不太安全，因此将所有的聊天记录都删除了，但是他没想到，由于自己的延迟还是让妈妈发现了马脚，并机智地偷偷做了截屏。

妈妈看到这些信息，非常焦虑，也不敢贸然和儿子谈，想到朋友中我是做青少年心理咨询的，就赶紧给我打电话。

其实朋友的儿子这个情况并不是偶然，中小学生谈恋爱，已经是不容家长们回避的问题。公交车上、大街上，我们很容易捕捉到一对对小情侣亲密的身影，过去曾有统计数据表明，在中国，谈恋爱的中学生已占80%，而初恋的平均年龄为14.2岁。现在，初恋的年龄恐怕更要提前了。小学生中就流传着这样一首打油诗："三年级的美女没人追，四年级的帅哥一大堆，五年级的情书满天飞，六年级的恋人一对对。"

青少年从10岁左右开始，就已经进入了青春期。今天的青少年尤其早熟，他们咀嚼的蔬菜瓜果，很多都是人工催熟的，他们喜爱的洋快餐和各种饮料不仅热量高，而且含有刺激生长发育的元素。在他们的视野之内，充斥着刺激感官的文字、画面和视频，这使他们的早熟成为必然。所以，恋爱低龄化的趋势已经很明显。

我在中小学做过心理老师工作，在五年级的主题为"欣赏"的课堂上，当有男生当众说自己欣赏某个女孩某项优点时，其他学生往往都会一起发出"哦——"的怪声或挑逗的笑声，而女孩们因为害羞，根本不敢当众欣赏某个男生。经历了几个班级的这种状况后，我只好让他们以书面的方式写下对同班同学的欣赏，并且是以匿名的方式。

孩子们都很信任我，会写字条问我一些问题。给我写字条的女生们，普遍都是因为情感问题而困惑，或者喜欢一个人，但是那个人似乎不太喜欢自己；或者已经和某男生分手了，但是还是忘不了他，看到他和别的女生好，自己还是很生气；还有的因为感情而割伤自己……这里有初中阶段的孩子，也有小学五六年级的孩子。

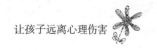

当孩子从一个只知道索取别人的爱的人变成一个懂得去爱别人的人，并能够为了爱做出自我的牺牲和改变的时候，这表明孩子在情感的发展上，迈出了重要的一步，这是值得肯定的事情。

青少年谈恋爱，更多的是一种体验和尝试。他们谈恋爱的目的，不是寻找人生伴侣，而是为了有个说知心话的人。

青春期男女对异性产生好奇、关注乃至爱慕之情，不仅是很正常的现象，而且还有利于青春期孩子的性别认同。对青春期的孩子来说，异性对自己的肯定和认同，对其性别的塑造是非常重要的。

据有关调查发现：13—17岁的女孩，如果曾经接到过两三个男生给自己写的"信"，那她在以后的成长过程中就会变得很自信。相反，如果女生在这个阶段没有收到过异性的任何表示，就算学习成绩再好，也都会有一种来自异性的挫败感。

如果父母对孩子青春期恋情不做客观全面的了解和判断，就容易主观和冲动，更容易做出伤害孩子的事情。

青春期个案
QINGCHUNQIGEAN

谁干扰了孩子的正常成长轨迹

方然和妮妮是刚上初一年级的新同桌，妮妮是班级里的学习委员，方然是班级里的体育委员，两个人很投缘，旁观的同学们在他们对视的亲密目光中发现了"恋爱"的端倪，甚至方然已经开始公然每天送妮妮回家了。

班主任开始关注此事，通知了双方的家长，没想到却惹来了祸端。

妮妮是由单身母亲带大的。妮妮的妈妈在读高中时经不起一个男生的追求，陷入了爱河，耽误了学习，没有考上大学，进入社会之后才发现学历的重要性，为时已晚。后来又遇人不淑，嫁给了一个赌徒，结果家徒四壁，最后离婚，带着仅6岁的妮妮独自生活。妮妮的妈妈将这一切都归罪于高中谈的那场恋爱，觉得这是使她命运如此悲惨的"祸根"。如今得知女儿要走上自己的老路，这还了得！

第二天放学，妮妮的妈妈就尾随在女儿和方然的后面，果然看到他们两个说说笑笑并肩而行。妮妮的妈妈怒火中烧，冲上去一把揪住方然的书包，并且很快将方然的衣服扯破，脸也抓出了伤痕，妮妮跪倒在地求妈妈放手，不要怪罪方然，他们之间什么都没有。

这场打闹引来了同学们的围观，这让方然觉得颜面尽失，书包也不要了，拔腿就跑，妮妮从妈妈手中夺过书包追过去，任由妈妈在后面大喊大叫。

方然不再上学了，任凭父母软硬兼施，他也没法再回到令他丢脸的学校，父母没办法，只好费尽九牛二虎之力将他转到了另一所中学。可是，在妮妮妈妈那里受到的刺激仍未平息，他的成绩一落千丈，心里面整天乱糟糟的，后来，学也不想上了，整天沉迷于网络游戏。

妮妮的妈妈担心方然再来纠缠女儿，把女儿也转到了很远的学校。妮妮因为对方然有依赖感，加上强烈的愧疚感，心理震荡更厉害，成绩也急剧下滑，产生了心慌、失眠、抑郁等一系列不良反应，仅一个月人就脱了形……妮妮的妈妈看到妮妮这个样子，想去找方然父母评理，妮妮在和妈妈的激烈冲突中，昏厥休克，醒来后，神志恍惚，见人就躲，半痴半呆……

妮妮成长在一个没有父亲的家庭里，缺少父爱让她没有安全感，从内心渴望来自异性的呵护和力量。她喜欢方然，在潜意识里是把他当哥哥看待。而方然天生义气，对妮妮很同情，也就主动关爱她、抚慰她。然而，这种跨越友情的情感表达，并非就是爱情，这只能够叫作爱的感受启动。

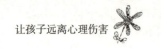
妮妮的妈妈将自己的命运简单归结为自己的"初恋"，将"初恋"作为自己糟糕命运的替罪羊，进而粗暴而武断地干涉自己女儿与异性交往，这是造成悲剧的主要原因。

每个人在进入婚姻和真正的恋爱前，都会有这种"爱的演练"过程，这是很正常的事情，每个人都会经历。如果在家庭环境好、父母人格正常的情况下，这种情感只不过是爱的前奏曲，顺其自然不会节外生枝。但是如果在老师和父母的眼里，这种行为被放大为"行为不轨""道德败坏"，家长一出手就是要"扼杀于摇篮里"，结果往往会导致孩子成长的悲剧。

异性之间的吸引依恋在 10 岁左右就开始了，已经经过青春期阶段的父母们请回头想想自己的成长过程，难道你在豆蔻年华时没有过青春萌动？因此，不要再将已经 10 多岁的孩子之间产生恋情的现象称为"早恋"，因为它带有明显的道德批判色彩，这也是这里使用"初恋"的原因。

很多父母都会把孩子出现的问题归结于"早恋"。可事实上这并非最主要的原因，只是一个结果而已。孩子过早恋爱其实暴露的是父母关系问题、父母和子女关系问题，如果孩子的家庭没有问题，恋爱还可能起到促进双方学习和成长的良性作用也未可知。

12 岁女孩写下万言"情书"

"为什么小学生就无权恋爱？况且我已经为他付出了很多。我觉得我自己心里的围墙再不修补的话，100% 明天见到我的地方便是棺材里、骨灰盒里。"以上这段话出自广州一名年仅 12 岁的小学女生之手。

这位女生自从四年级就开始喜欢上写作课，从五年级开始记下自己内心深处的感情，随着她的日记越来越长，本来很隐私的东西在她的两个好朋友之间成了"课外读物"，还被加上了大量的眉批和注脚，而她的父母对自己女儿的思想全然不知，平时就期末考试后问问成绩，父亲工作很忙，每天都早出晚归，母亲则是出名的"麻将局长"，业余时间都用在了麻将桌上。

日记里描写的是该女生对一个非常优秀、英俊的男生的爱慕之情。"我现在满脑子都是他的影子，总有一种冲动在内心深处乱窜，一直极其难耐，备受煎熬。我所写的内容都是真实的，只不过有些言辞比较夸张罢了。"

但是，这个"略显夸张"的日记内容无意中被父母看到了，从而引起了轩然大波。愤怒的夫妻对孩子实施了体罚，并且来到女儿学校，声称要找到日记中"勾引女儿"的男孩子，结果闹得沸沸扬扬，在羞辱与愤怒中，女孩选择了离家出走。

最后父母了解到，其实这只不过是女儿的单相思而已，而日记中的男孩子根本就不知情。

爱情是人类情感的内核，属于动力源，初恋则是这股源泉涌动之初的形态，这种情感，是无法否定也是不能否定的。

孩子过早恋爱，可以看成是一个结果行为。追其原因，恰恰暴露的是父母之间关系问题以及父母和子女关系问题。早恋的孩子大多缺乏家庭关爱，比如单亲家庭、父母关系不和谐、忙于工作对孩子关注少。在家庭中得不到温暖，孩子就会从家庭外寻找心理上对爱的需求。如果父母对孩子多一些关爱，能和孩子成为知心朋友，孩子就不必通过恋爱来满足内心对情感的需求了。

案例中的女孩，原本只是利用日记宣泄一下自己的情绪，在现实生活中，根本没有做出什么出格的事情，甚至其爱慕的男生都毫不知情。这样一个小女孩刚刚萌动的爱却遭到了父母粗暴的伤害，就像一阵沙尘暴，不仅灼伤了刚刚吐新的小苗的叶子，也伤了小苗的根。

女孩之所以将爱寄托在另一个男生的身上，恰恰是因为在现实

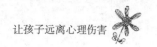

生活中，她感受不到爱，父亲整日忙于工作，母亲整日忙于麻将，严重的爱的缺失让女孩内心感觉孤单寂寞，因此便在身边的世界中假想了一个"爱人"形象。可以说，这样的结果，是父母一手造成的。可是他们不能从自己身上找原因，最后让女儿丧失了家庭和学校两个让她安身立命的基本处所，只能游荡于社会，有什么样的未来，却不可知。

互动专区
HUDONGZHUANQU

1. 女儿是不是恋爱了？

家长：女儿今年上初二了，最近听老师说她学习成绩下降了很多，问她什么原因，她支支吾吾地也说不出来。最近发现她经常半夜里不睡觉，老拿着手机发信息，我怀疑女儿是谈上恋爱了。

孩子是不是恋爱了，光看一个表现还不能判定。一般来说，青春期的孩子有恋爱的倾向，都会有如下一些表现：

孩子突然变得爱打扮，常对着镜子照来照去；

学习成绩突然下降，上课注意力不集中；

活泼爱动的孩子突然变得沉默，不愿和父母交谈；

在家坐不住，经常找借口甚至撒谎外出去公园、歌厅等场所；

放学喜欢一个人躲在家里或待在一边想心事，时常走神发呆；

情绪起伏大，有时兴奋，有时忧郁，有时烦躁；

突然对描写爱情或性的电影、电视、小说感兴趣；

突然喜欢谈论男女之间的事情；

背着家长偷偷地上网聊天，写日记，看到别人赶忙掩饰；

常有异性打来电话，或者经常在午夜发信息。

除了以上这些变化，孩子也有可能和你主动谈论关于恋爱的话题，当然，他一般不会直接和你说自己的心事，他有可能和你说说班级里某某人的事情，来测试你的态度和看法。要知道，随着思维的发展，青春期阶段的孩子已经会"抛砖引玉"了。

比如，孩子可能有意无意中说："我朋友某某谈恋爱呢！"

如果你精神一紧张，马上反问："你没谈吧？"孩子会立刻否认，即使真谈了也会保持戒备的状态来保护自己。孩子已经从你的紧张中看到了焦虑和你的否定态度，以后也不会再和你提起这类事情。

只要发生的，就是合理的。对于客观发生的事物，不去评判对错，而是思考发生的原因和如何处理结果，对事情发展更有利。这是首先需要我们秉承的态度，对待孩子谈恋爱的事情也同样适用。

孩子主动和我们探讨的话题，通常也是他本人很感兴趣并想从家长这里多获得一些信息的。本质上，他是想在精神上从家长这里获得一些粮食。

你可以对孩子抛来的试探多一些了解，掌握更多的关于这个主题的信息。复述他的话是个不错的沟通技巧。

"是吗？某某谈恋爱了啊！"你好奇的语气和态度，会让孩子说更多。

"你对这个事情怎么看呢？"要知道，我们谈话的主题要围绕着自己的孩子，至于别人家的孩子，我们是没权力干涉的，所以，始终以了解自己孩子的想法为核心目的，调查清楚孩子的想法后，我们才好因势利导。

家长不能直接把异性同学间的正常交往或是好感和爱慕定位为早恋，轻易地给孩子扣上"早恋"的帽子。青少年的交往经常是凭直觉进行的，是纯洁和美好的，对这种友谊，父母应当格外尊重和鼓励。让孩子与异性自然交往，父母要教导处在青春期的孩子用平常心态对待异性朋友，同时父母也该以平常心态对待孩子的异性朋友，而非草木皆兵。

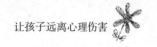

2. 这么小就臭美，会不会是早恋？

家长：我女儿才上小学六年级，就整天为了穿什么衣服去学校而发愁，有时候头一天晚上本来找好的，可是第二天早上又改主意了，为了找衣服，早上差点迟到。有时候衣服只穿一天，就扔在床上换了别的衣服。发型也是变来变去的，我劝她为了学习方便，把头发扎起来，可是她偏偏要披散着。每天在镜子前面照来照去，做着各种动作，有点让我看不下去啊！这么小，她就这么在意外表，会不会是早恋啊？

小学五年级的孩子已经开始进入青春期，而青春期是孩子最注重外表的发展阶段，他们开始在意服装是不是漂亮；身材是高还是矮，是胖还是瘦；脸上是否长了青春痘……

我接触过一些初中生，有些女生即便学习很好，也会因为身材肥胖而烦恼，担心自己喜欢的男生不喜欢自己，还有的因为个子小，总受到班级同学的嘲笑。有的男生因为脸上长了很多青春痘而自卑，想去医院进行治疗……他们都为外表而苦恼着。

青春期的孩子之所以对自己的外表特别敏感，是因为十几岁的孩子普遍都有种错觉，认为自己的长相、打扮都会受到其他人的关注，以为别人会像自己一样关注自己。心理学家把这种现象叫做焦点效应。焦点效应，也叫作社会焦点效应，是人们高估周围人对自己外表和行为关注度的一种表现。焦点效应意味着人类往往会把自己看作一切的中心，并且直觉地高估别人对我们的注意程度。焦点效应其实是每个人都会有的体验，这种心理状态让我们过度关注自我，过分在意聚会或者工作集会时周围人们对我们的关注程度。

但我们毕竟不是众人瞩目的公众人物，所以这些都是我们的错觉。在青春期，我们都曾产生过这样的错觉。青少年会把自己想象成舞台上的主人公，将身边的人当成是看着自己的观众。

心理学家基洛维奇做了一个实验，他们让康奈尔大学的学生穿上某名牌 T 恤，然后进入教室，穿 T 恤的学生事先估计会有大约一半的同学注意到他的 T 恤。但是，最后的结果却让人意想不到，只有 23％的人注意到了这一点。

这个实验说明，有时候认为别人对我们会倍加注意，但实际上并非如此。但是处于青春期的孩子，都渴望获得异性的关注，尤其是内心有了喜欢的异性的孩子，更加会在意自己的外表是否讨对方的喜欢。

对于女孩来说，即便是学习很好，但是如果容貌外表不突出，也很难让女孩获得充分的自信，这与人类在进化中形成的刻板印象有关。因为大部分的社会情境下，还是男权主义占据上风，整个社会对女人在事业上的期待要大大低于外貌。通常，优秀的男性都会追求长相漂亮的女性，而女博士、女企业家却在婚姻市场比较尴尬。

男性择偶的一个标准通常是看女人的外貌，因为漂亮是女性健康的标志之一，有利于男性传宗接代。女人爱打扮，从青春期性意识觉醒就开始注重外表，这不是现代社会独有的现象，而是人类在进化中形成的本能。所以，女孩爱美也是天性所致。

有的父母看了一些性侵的报道，便把女儿看得很严格，不允许她打扮，甚至不允许穿漂亮的衣服，只允许她穿校服。这样过于苛刻的要求是违反女孩的成长需求的，很容易遭到女孩的强烈反抗。

从另一个角度说，女孩也需要在青春期过渡到成年人这段时间学习美，体验自身的美感，形成良好的自我意识。否则她长大了，也有可能是乏味无趣的。

所以，家长首先要了解女孩爱美的原因，并给予适当的支持。这与是否早恋没有太直接的关系。

如果女孩追求美有些过度，比如穿高跟鞋、化妆、染发、文身，就需要家长适当干预了。除了和学校的老师建立友好的盟友关系外，在言语之中，也一定要注意分寸。想要说服别人，首先不能直接批评她爱美这个行为，而是先要表示认可：女孩子爱美是天性，是非常正常的，我也希望自己的女儿漂漂亮亮的。但是把过多的精力放在打扮上会耽误现阶段最主要的任务——学习。你需要让她知道你是支持她的，只是不要过度。

3. 孩子迷恋上了言情漫画

家长：我女儿今年上初二，多关键的一年啊，可是孩子迷恋上了言情漫画，只要写完作业就看，只要看就没完没了。我们已经禁止她上网，可是有一次竟然看到她在被窝里打着手电筒在看不知道从哪里借来的漫画书。我知道打骂没用，但是任由这样下去，肯定会耽误学习呀！

青春期的女孩对于爱情都怀有美好的憧憬和期待，言情漫画在一定程度上充当了开启爱情梦想的角色。面对孩子这么强大的热情，家长宜疏不宜堵。现在媒体发达，孩子获取信息的渠道非常广泛，电脑、手机、书籍以及同学之间的信息交换，堵是堵不住的。因此，不妨主动选择一些适合孩子年龄阶段的和符合心理需求的言情类书籍，或者在网上下载一些比较经典的言情类资料，和孩子共同阅读，并在阅读后一起讨论，这样不仅能保证孩子吸收信息的优质，也能及时了解孩子的想法，从而避免孩子"乱吃"言情类信息，误看色情和淫秽信息。

在探讨言情类信息时，要注意两点引导：

首先，引导孩子注意书中的世界和现实世界的不同，书中所营造的浪漫爱情是虚幻的，我们可以寻求安慰，但是现实世界有现实世界的法则。比如书中穷人家的姑娘只是凭借美貌就能获得霸道总裁的喜欢，可是现实生活中，两个地位悬殊、家庭环境相差悬殊的人，真正在一起生活会遇到很多现实的问题，有了丰富生活经验的我们，可以给孩子举身边的例子，尽量在让孩子满足对爱情憧憬的前提下，又能认清楚现实生活中的恋爱和婚姻的真相。

另外，可以和孩子探讨故事中的男主人公。让孩子多说说他的优点，尤其是内在的品质，探讨一下什么样的男人是优质的男人，以防孩子只图表面的帅气而早恋，同时也反衬一下身边男生的幼稚，防止孩子过早恋爱。

4. 有女生总给我儿子打电话，管还是不管？

家长：最近吃晚饭的时候，总有女生给我儿子打电话，谈话内容都是有作业不会，请教我儿子。但是我有时候偷偷听，他们通常是先说作业的事情，后来就开始天马行空起来了。这让我有些为儿子担心，但是不让他们通话似乎又不太合适。该怎么管合适呢？

刚好有个家长和我分享过同样事情的处理方法，我感觉非常值得推荐给更多的家长。这个爸爸也发现每天儿子都会接到同学的电话，从儿子的对话上判断，对方应该是个女生。他们每次通话时间都很长，有时候会聊半个小时到一个小时，儿子有时候嘻嘻哈哈的，看上去挺愉快。下面，就是父子的对话：

"儿子，最近总有人找你呀？干吗呀？"

"是同学，她作业不会做，问问我。"

"哦，那同学作业不会，如果咱会，可要多帮助同学！"

"是呀，所以我每次都给她讲嘛！"

"可是，儿子，如果你给人家讲题十分钟都讲不明白，一方面说明咱水平还不行，另一方面，咱也耽误对方的时间，不如让这个同学抓紧时间去请教别人。现在你们放学后的时间都挺紧张的，不能耽误人家的时间啊！你说呢？"

"爸，你说得对，我没太考虑这些。"

"那以后同学再来电话，爸爸帮你看着时间，到了十分钟我就提醒你，你讲不明白就让人家问别人去吧。"

"好的，爸爸，麻烦你了。"

以后的几天，这个爸爸及时下班回家，专门盯着这件事情。那个女同学依然放学后打电话过来，爸爸就看着时间，一到十分钟，就给儿子打手势，儿子从为对方负责的角度，很快就挂断了电话，后来，那个同学渐渐就不来电话了。

这个老爸不动声色地就把问题解决了，他不问来电话的是男是女，也没有批评孩子和同学通话浪费时间，在充分肯定了孩子的同时还培养了儿子对别人负责任的态度。其实爸爸心里清楚得很：那个女孩喜欢自己的儿子，以问作业为名来找儿子聊天，联络感情。

这样的"管"，才是"智慧的管"，否则，就容易变成横加干涉，造成亲子情感之间的裂痕。

5. 我教训了那个和我女儿好的臭小子

家长：我连续几天都发现一个男孩将我女儿送回家，有一次竟然在大街上看到那个小子对我女儿搂搂抱抱的，我没忍住就上去喊我女儿回家，还拽着那个小子的领子警告他以后别招惹我女儿。结果女儿已经一周没和我说话了，我也挺委屈的，我这么做还不是为了女儿好？没揍那个小子就算给他面子了！

答：对于孩子的行为，家长应该引导，但这不等于用简单、粗暴的方式干涉。试问，你在大街上如此对待女儿和她喜欢的男生，让你女儿多么尴尬！尊严又何在！用这样的方式她肯定要封闭自己，拒绝与你沟通，因为，刚开始，你就没有将她视作一个平等的人去尊重。

少男少女之间的特殊感受，每个成年人都经历过，它更多的是"自然属性"，正因为如此，苏联教育家马卡连柯才指出"恋爱是不能禁止的"。

而且家长越禁止，孩子会爱得越热烈，这就是著名的"罗密欧与朱丽叶效应"。心理学研究表明：父母对孩子的恋情干涉越多，孩子会爱得越深，越坚定；而父母对孩子的干涉减少时，孩子的恋爱感觉反而会冷淡下来。

有的家长还会在言语行为上对孩子的恋人进行诋毁和侮辱，一厢情愿地认为能让孩子死心，而这样的结果只会造成孩子的认知失调——孩子是因为欣赏对方才会与其谈恋爱的，而你所说的那些负面的评价，即便是事实，孩子在心理上也是不愿意接受的，因为调整认知是一件痛苦的事情，谁都不愿意去否定自己，尤其是在深深认可之后。父母这样做的后果，只会让孩子内心产生防御，从而使亲子之间更难以沟通了。

就算孩子表面上屈从于压力同意分手了，但是绝不会停止和恋人交往，而只是改变了交往的方式，见面变得更加谨慎，而地下恋情，将会更加炽热。

6. 孩子被不喜欢的异性纠缠

家长：最近看女儿总是愁眉不展、烦躁不安的样子，后来女儿和我说，一个男生给她写字条说喜欢自己，让自己做他的女朋友。可是女儿并不喜欢他，就没有搭理他，结果这个男生依然不死心，总给她写字条，还说不答应他，他就自杀。女儿说如果他还这样骚扰自己，干脆自己在班级里找个顺眼的人做男朋友，让他彻底断了念想。同时，又担心那个男孩受到伤害。所以她近来因为这些事情发愁，不知道该怎么处理。我也觉得这个事情很难办。

看得出，女孩是个善良的孩子，为了不伤害追求她的男孩，一直没有明确拒绝他，这也让男孩觉得自己还有机会。

但是，为了回避追求者而匆匆恋爱就不明智了，一方面对另外的男孩不是很了解，另外如果遭人家拒绝岂不是更加尴尬？

除了学习之外，青春期的孩子还需要学习人际关系相关的知识，比如要了解不同的男孩类型，以及与不同类型的男孩该如何交往，这样就知道如何面对这个追求者了。有的男孩比较敏感，有的男孩比较粗线条，有的男孩说话不能太重了，有的男孩必须说重话才能令他罢休。

被不喜欢的人一直纠缠，其实是我们在拒绝的时候没有表达清楚，引起了别人的误会，所以当我们在与之交流的时候，一定要将自己的意思表达清楚，以免引起不必要的误会。

对方还不清楚我们的想法时，不妨找个机会当面说清楚，不要含糊其辞，不要使用发信息、写字条的方式，显得不够正式。直接面对面沟通，对方通过你的语言、神态、语气等信息更能清楚地知道你真正的内心所想，而不是看着字条扩展自己的想象，以为女孩羞怯，故意端架子。

很多人在拒绝的时候显得不够果断，很害怕对方伤心或者是继续纠缠，其实大可以不必想这么多，果断一点，态度强硬一点，相信对方也能够明白我们的意思。

当我们不喜欢被人纠缠的时候，不妨态度冷淡一点，这样时间一久，相信对方即使有很大的激情，应该也会归于平静，但是不要在等到对方绝望之后再给对方希望。

不要多管闲事，如果对方找我们是有重要的事情，那么能帮忙的地方我们还是可以帮帮忙的，但是如果对方因为一些小事情找我们，那很明显就不是想找我们帮忙，而是想进一步联系，所以在这个时候就不要多管闲事了。

在青春期，被别人喜欢是很正常的事情，但是对于自己不喜欢的人，如何拒绝，是需要技巧和分寸的事情。逃离自己不喜欢的人，既要学会自保，又要维护对方的自尊，同时，更不能让无辜者卷进情感的漩涡中。

有一点一定要提醒孩子，不喜欢一个人可以，但是一定要尊重对方，不要轻易将对方的信件、字条公之于众，更不要当众嘲讽对方，这样做既伤害了对方的自尊心，又可能让事情变得更加复杂。

如果对方无理纠缠或者以死相威胁，家长需要告诉孩子不必害怕，可以见机行事。在紧急的情况下，可以暂时假装答应他，先稳住他的情绪，然后可以向老师汇报情况，让老师出面做对方的思想工作。但是，在暂时答应对方要求时，只能做一些口头的承诺，不能答应对方进一步的要求。

对于青春期的孩子，这种想逃离的"爱"也许并不明确，而只是一种模糊的感觉，也许，男孩的兴趣点很快就转移了，所以也无须上升到"爱"的高度。

7. "你们交往到哪个级别了？"吓坏了我

家长：有一次我在等公交车的时候，听到两个穿着初中校服的男孩聊天。一个男孩问："你们两个进展到几级了呀？KISS了没有呀？"另一个男孩说："没有呢……我们正式好还不到一周呢。""都一周了，还没KISS呀？"听了这番对话，真是吓得我不轻呀！后来旁敲侧击地向儿子一了解，他也说他们班上很多同学都有"主"了，我没继续问他有没有，但是怎么和异性交往，尺度该怎么把握，我感觉应该和孩子沟通了。可是又挺难为情的，挺难说的，该怎么沟通合适呢？

青春期的异性关系是一个微妙的，又最容易出现偏差的问题，大多数父母意识到自己的孩子已经情窦初开，或者只是在心里暗暗着急，或者旁敲侧击地去劝阻，或者不由分说地去制止，很少与青少年开诚布公地沟通，更不会为他们提供指导。

青春期的孩子谈恋爱，父母最担心的，说白了就两点：一是担心孩子学习成绩下降，影响未来的前途；二是担心因为亲密接触产生性冲动，偷吃禁果，造成怀孕等后果和心理创伤。通常来说，男孩的家长更担心第一点，而女孩的家长更担心第二点。

谈恋爱影响学习，这是家长们更能说得出口的理由，但是担心孩子因性冲动把握不好自己，以及会造成什么恶果，这往往是家长们内心焦虑，又不好言说的理由。因为父母们从小也没有接受过性教育，都是在混沌中暗自摸索，轮到面对自己的孩子，更不知道如何开口，所以要么避而不谈，要么蜻蜓点水，要么就上纲上线到道德标准，很少有家长能问孩子与恋人发展到什么程度了，即便问，孩子一般也不会和家长说真话。

与其被动防范，在私下里担心，不如早早就和孩子挑明，把预防针先打上。在打预防针前，我们需要先做一些铺垫。

首先，我们需要肯定孩子产生的感情，而不是否定、阻挠，甚至是侮辱。感情的发生是自然而然的事情，人的情感又是复杂的，家长只能先去认可、承认它。孩子的感情不像吃饭穿衣，不想吃了就不吃了，不想穿了就不穿了，人不想爱了，不可能就立刻不爱了。

"有人喜欢你，妈妈很为你高兴，这说明你是一个有魅力的女孩，一定是你的有些品质、能力或者外表吸引了对方。可能也有让你产生特别感觉的男孩，心里会总是想着他。如果你有这些感受，是很正常的。你这个年龄阶段，感情都很单纯，没有任何的目的性，所以是非常珍贵的。"

先这样表述，肯定孩子的感情，甚至表达了对孩子的欣赏，在孩子的情感完全被接受之后，我们要更深入地谈核心问题了。

可以用循序渐进的方式，如："男女在相互喜欢时，总想更接近对方，身体之间也会发生亲密的接触……"

也可以用单刀直入的方式，有个妈妈在发觉儿子有恋爱迹象时就直接和他说："孩子，你现在长大了，你知道你的身体可以有条件当爸爸了吗？"

也可以借用外在工具。比如一些适合这个阶段孩子读的课外读物，或者给孩子下载一些相关资料，让他们独自一个人去了解。

不要觉得讲这种事比较难堪，现在孩子获取信息的途径很广泛，与其让孩子自己盲目寻找，不如告诉他们科学的知识，杜绝伤害。

8. 女儿的朋友里一直没有异性

家长：很多家长都担心孩子早恋问题，而我和大家恰恰相反，我女儿从来不和异性交朋友。她几次的生日会都是在家里过的，我发现从来没有一个男孩子。有一次，我试探性地问她："你的朋友中怎么没有男孩呀，有些异性朋友适当交往我们也是赞同的呀！"可是我女儿却说："臭男生有什么好的，我可不爱和他们说话！"女儿为什么排斥和异性交往呢？这样也不正常呀！

我们家长在预防孩子与异性交往过密的同时，还要注意另一个极端，就是孩子不愿意和异性交往，把自己封闭起来，或者见到异性就脸红，过分紧张和激动。与异性交往过密确实令家长紧张，但是完全不接触异性也是一件很麻烦的事情，在茫茫人海中，除了男人就是女人，异性交往不但不可避免，而且还是现代社会每个人一生中最基本、最重要的交际形式之一。所以，如果父母真的关注孩子的生活幸福、事业成功，就必须让孩子具备与异性相处的本领，教会孩子正确把握与异性交往的尺度。

如果孩子不愿意和异性接触，需要排查一下孩子是否存在着一定的交友障碍。

青春期的孩子自尊心和独立欲望明显增强，内心的世界轻易不会向人袒露，更不愿意对异性朋友开放，常常把自己的心灵对异性关闭起来。曾有人对青春期的孩子进行过调查：有了烦恼会向谁诉说？有很多学生选择了"对同性朋友说"，这样的心理，会使孩子远离异性。

有的女孩家长抱有这样的信念：男女之间不会存在真正的友谊，只要两个人关系好，就一定至少有一方怀有爱情的意味。在这样的理念影响下，孩子就会对异性比较敏感，存在戒心，担心接近自己的男孩对自己怀有"不良的意图"，所以在异性交往上顾虑重重。

还有的女孩过于自卑，觉得自己不漂亮、学习不好、不会说话等，不仅自己瞧不起自己，还害怕别人来伤害自己，因此采取事事回避的原则，在异性交友上没有信心，但是，为了维护自己的自尊，还要说讨厌和异性接触。

有的女孩过于骄横，看不起别人，盛气凌人的架势也会令异性朋友望而却步，因为接触她，就会被呼仆唤奴般使用，这种女孩连同性朋友都很难有，更别提异性朋友了。

所以，要针对不同的情况帮助孩子改善社交。

如果孩子视男女交往为不正当的事情，就一定要纠正他的想法，异性之间完全可以存在真诚的友谊，并且可以相互弥补自身的缺陷，对自身成长是非常有好处的。

比如，在个性上，女同学可以学习男同学身上的勇敢、豁达和承担等品质，男同学可以学习女同学的细腻、温和、富有同情心。

男女同学交往还有利于学习。男生往往比较喜欢数学、物理、化学等学科，女生则比较喜欢语文、外语、地理、生物等学科。男生在掌握知识的基本功上可能稍逊一筹，但在解题的灵活性上却略占上风；女生在作文的叙述描写、运用词汇等方面可能略占上风，但在立意的新奇和结构的不拘一格上却稍逊一筹。通过交往，男女同学均可以从对方那里取长补短，从而有助于提高自己的智力活动水平和学习效率。

一个人个性发展的全面也有赖于交往范围的广泛性和周围生活的联系的多样性，这会让自己的精神世界更丰富。只在同性圈子里交往，人的心理发展往往是狭隘的，因为尽管同性者个体之间也存在差异，但这种差异远不如异性间个体差异明显。交往范围广泛，不仅有同性朋友且有异性朋友的人，性格相对来说比较豁达开朗，情感体验比较丰富，意志也比较坚定。这显然不是什么偶然的现象，因为正是多方面的交往对象的个性渗透和反馈，才丰富了他们的个性。

男女交往，还可以满足青少年的心理需求，达到心理平衡；反之，缺乏异性交往，是适应不良的原因之一，容易发生性心理扭曲，导致性变态或性功能障碍，不少性偏离患者（如窥阴癖、恋物癖等）的病因，就是长时期不敢与异性接触，对异性怀有自卑、胆怯、不满等心理所引起的，而通过加强与异性的交往，也往往有助于使他们消除变态心理。此外，男女同学加强交往，增进了解，可以淡化对异性的好奇心，掌握友情与爱情的区别，从而更稳妥地把握自己的情感。

男女交往的好处这么多，怎么引导孩子广泛地结交异性朋友呢？

增加社交最简单的方式是注重仪表，干净得体的衣着打扮会令孩子产生自信，并且给人一个比较好的整体印象。

主动热情是建立人际关系最好的纽带，有些孩子认为沉默是"酷"，冷若冰霜是"高冷美"，这种误区会让很多人望而却步。面带微笑会让良好的友谊迈开第一步，女孩的微笑会使异性感觉到友好、自信、温柔和真诚。

每个人都渴望被关注和获得帮助，异性也不例外，家长可以引导孩子多多关注别人的需要，并且帮助别人走出困境，乐于助人、善解人意的人才能广泛地结交朋友，赢得朋友们的尊重和喜爱。

04

"我就是喜欢同性"
——孩子难道是"GAY"？！

　　在青春期，孩子与异性交往会令家长担心，但如果和同性交往过密，也会令一部分家长焦虑。因为，这里面有可能存在着同性恋的问题。

　　青春期，在人的成长过程中是一个极为特殊的时期。当校园恋情已经不再成为被关注的焦点之后，同性恋的问题却日渐浮上水面。这对于家长和学校来说是更为严峻的挑战。

　　同性恋现在已经不是什么新鲜词语了，尤其自1995年以后，涉及同性恋题材的影视剧作品比比皆是。而有的孩子也有可能在无知中加以效仿，最后让自己走上了一条恋爱关系的非主流之路。

　　一组数据显示，同性恋在人群中占比大概5%，但同性恋不是一种疾病，而是一种不同于大多数人的性取向。

我们这么要好，就是同性恋

15岁的秀秀一直认为自己有"同性恋倾向"，因为自己从小就讨厌男生，从来不和男生玩。她总和好朋友天丽在一起，有什么事情也总想着她，平时她们之间相互称呼都是"老公""老婆"，秀秀想以后永远都和天丽在一起。

天丽对秀秀总是那样体贴：秀秀肚子疼了，给她倒热水；不会的作业，天丽不厌其烦地给她讲解；学校上操时，她们两个也是手挽着手，亲密无间地走在一起。

一次暑假里，秀秀和天丽躺在一张床上，秀秀将手搭在天丽的腰间，头偎依在她的肩膀上，她心里想：我和她肯定就是人们说的同性恋了。

秀秀以为自己是同性恋，其实并不是，她和天丽之间只是同性的友谊罢了。青春期的孩子，对父母不太信任，但是朋友关系对他们来说却是举足轻重的，这个阶段，他们更倾向于发展友谊关系。有的男孩可以和朋友肝胆相照、为其两肋插刀，而女孩之间的亲密，则更多表现为细腻的关心、生活上无微不至的关照。

青春期阶段的孩子心智发育尚未成熟，往往对外界信息缺乏鉴别意识，容易囫囵接受。如今，同性恋的明星也不太避讳，同性恋的电影也可以点击即看，这些信息都在影响着青少年。对于一些亲密的友谊关系，外人也会打趣："你们是不是同性恋啊？"久而久之，孩子以为自己真的是同性恋呢。

为什么秀秀会那么确定自己是同性恋呢？其实秀秀自幼父母离

异，母亲独立把女儿抚养大，经常在女儿面前表露对男人的厌恶和憎恨，经常对女儿说："男人，没有一个好东西！""千万不要相信男人！""没有男人更好，女人照样能过得挺好。有了男人，更添麻烦！"

在这样的影响下，秀秀进入青春期，也逐渐对男性产生冷漠讨厌之感，这时正好又了解到同性恋的一些信息，便一知半解地给自己扣上这顶"帽子"。

所以说，家庭是孩子的第一个学校，像秀秀妈妈这样的性别教育，秀秀长大后怎么敢和异性正常交往、建立婚恋关系呢？

还有的家长故意在教育上造成孩子的性别错位，人为扭曲了孩子的性心理发展。

1. 孩子早期接收到的性别教育，对孩子的性心理发展有着重要的影响。

我在给一个六年级的女孩做心理沙盘时，孩子摆放的人物都是男孩子，后来在作品讲述中她说希望自己是男孩，因为爸爸经常说："你要是个男孩就好了，男孩都随妈妈，你妈妈比我聪明。"还有的家长叫自己的女儿为"儿子"，潜意识里更希望女儿是个男孩。这样不乐于接纳孩子性别的家长会让孩子对自身的性别表现出不接纳的态度，甚至反感自己的性别，孩子也可能会迎合父母的心意让自己更多地表现出异性的特征。

需要注意的是，青春期期间，有3—4年的时间，孩子们会出现对同性的仰慕和喜爱，没有性行为，只是一种模仿和爱慕，这时不要为其定性，也不要给孩子扣上同性恋的帽子，应该让孩子顺其自然成长。家长要做的事情是引导孩子去做符合自身性别角色的行为，让男孩"会打架"，让女孩不做"假小子"。强化他们自身的性别意识，并且让他们喜欢自己的性别，这是比较合适的性别教育。

2. 当孩子性别意识模糊的时候，不要"促使"孩子成为同性恋。

当今"伪娘"风气横行，你的孩子可能为了追逐时尚而开始跟风，但这并不等于他就是有同性恋倾向。如果父母大惊小怪，反而会引起孩子逆反的心理，从而真正走上同性恋之路。

价值观越来越多元的今天，许多日韩影视剧宣扬的是男性的阴柔美。"花样美男"也成为很多孩子喜欢和愿意模仿的榜样。照这样发展下去，"花样美男"不仅女孩子喜欢，有些彪悍的男孩子也喜欢，那么同性恋就有可能产生。

如今，已经有越来越多的同性恋情结出现在各种媒体之中。虽然不乏媒体为了吸引观众的眼球而有过度夸大之嫌，但我们更需要在这样的社会影响下和孩子讨论性别问题，也要及时对孩子的思想有所了解。

同性恋也是存在于社会的一种合理现象，这是少数人的一种生活方式，对此应保持尊重，但是，毕竟成为同性恋要承受较大的社会压力，因此，当孩子性别意识模糊的时候，去肯定男孩的男子气、女孩的体贴心，并且给予积极的强化就够了。

同性恋就可耻吗？

阿美长得很清秀，娇娇小小的身体让她显得更加惹人爱怜。她就读于浙江某寄宿中学，刚刚上高二。学习成绩不错，在家长和老师看来，阿美是个能进入重点大学的好苗子。但同学们都知道，阿美有个女朋友，她们是一对同性恋人。

按说，两个女孩子在学校里面牵手、搂腰，并不是什么稀奇的事情。然而，阿美和女朋友的行为却超出了很多人的容忍限度。她和女友阿云好得几乎有些过分。每次一下课，两人就会缠绵在一起。她们彼此坐在对方的腿上，吃饭还要互相喂食。晚上的时候，两人还要睡同一张床。很多人都见过阿美和阿云深情对望着说："我爱你。"

世上没有不透风的墙。老师很快就发现了这一点，在谈话无果之后，老师把这件事情告诉了双方的家长。父母们从来没有想过自己的孩子会成为同性恋。阿美的父亲说："辛辛苦苦养大的女儿，

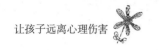

怎么爱上了女同学？是不是心理有问题？"

看着父母不理解自己的神情，阿美十分生气。她大声叫着："我就是喜欢同性，怎么了？我就是同性恋！"然而，阿美的行为却招来父亲一记重重的耳光。

阿美的情况和上文中的秀秀不一样，秀秀只是和同性比较亲密，是友谊的范畴，而阿美则是确确实实的同性恋。很多家长认为同性恋是一种"变态"的行为，是他们无法容忍的。面对子女在这条路上越走越远的情况，大多数父母会感到耻辱、愤怒，但也无力改变。

1. 无力改变孩子的同性恋，不妨主动去承认它。在日渐宽容的社会环境中，同性恋也开始逐渐被人们所理解和认同。

很多父母在得知自己的孩子是同性恋的时候，都会表现出过分的紧张和焦虑，甚至要强迫孩子回到正常的性取向上。这只会给孩子心里增加许多无形的压力，反倒更不利于孩子成长。

如果这真的是孩子一时追求时尚的行为，那么随着心智的成熟，对自己的认识再深入一些，经历过的感情再丰富一些，也许会重新回到主流的性取向上。当他们坚定地做出了选择之后，身为家长，在引导无效的情况下还是应该选择尊重孩子自己的决定，让孩子顺其自然地发展。尤其是那些自小就认为自己的性别和真实的生理状况相反的、患有易性癖的孩子，他们从小就拒绝穿戴适合本身生理性别的服装，要转变这样孩子的性别意识是很难的，因为这由先天的生理因素导致，孩子本身也拒绝接受父母的性别认知教育，即便是爱上同性，他们也不认为自己是同性恋。

2. 压力和幸福，需要如何权衡？这是同性恋孩子和父母都需要思考的问题。

很多父母听说孩子是同性恋之后，大多表现出惊诧和激烈的愤怒情绪，觉得这是非常伤风败俗的事情，大大伤害了他们的尊严和在社会上的地位。他们可能会打骂孩子或者强迫孩子断了这个念头，这样的方式很容易导致孩子走向极端。孩子不是父母的财产，也不是父母的附属物，因此，他认为的幸福是他自己对生活的选择，父母需要在尊重孩子的基础上去引导。同性恋虽然已经得到社会的认可，但是毕竟还是要受到很大的社会压力，维护心理健康的成本也很高，压力和幸福，需要如何权衡，这是父母和孩子同时都要思考的问题。

互动专区
HUDONGZHUANQU

1. 怎么避免孩子成为同性恋？

家长：我还是没办法接受同性恋，总觉得很奇怪。从家庭教育来说，我们应该怎么避免孩子成为同性恋呢？我的孩子还小，我要早点预防。

同性恋产生的因素有很多，家庭因素是其中至关重要的一环。除了已经讲到的父母对某一种性别的偏爱，无形中给孩子造成了混乱的性别定位之外，如果父母一方长期在家庭中缺席，孩子就会更多地学习与自己相伴的一方父母的性别特征，如果女孩长期和父亲生活在一起，或者男孩长期和母亲生活在一起，建立自身性别的学习机会就少，很可能学习异性家长的性别特征就多一些。这样家庭环境下的孩子，女孩可能就有男孩气，而男孩就表现出女孩气，性别特征不够明显。如果是离婚的家庭，为了让孩子更好地建立起自身的性别意识，应该让孩子和同性的亲人或者朋友多接触，给孩子模仿和学习的机会。

有些父母本身的性别扮演就很模糊，如母亲是个强势的企业领导人，外表也一直保持中性特征，那么她的女儿从母亲这里学习到的也是偏男性的性别特征。因此，父母本身的性别示范作用很重要。

2. 发现孩子与同性暧昧，我怎么和她谈？

家长：前两天，我在用电脑的时候，偶然发现了女儿和同学的聊天记录，才发现她们之间可能存在着暧昧的同性关系，我该怎么样去和女儿谈谈这件事情呢？

虽说当今社会的风气日渐开放，但同性恋仍然在禁区的边缘游走。很多青少年同性恋仍然挣扎于对自身性取向的认可，也许还没有向父母或同辈人公开自己。他们害怕自己的秘密被泄露，从而引起他人的鄙视。在医学临床上，也难有手段去认证真假同性恋。父母可以通过和孩子们聊天的方式，了解其真实的心理状态，方可作出判断。

父母需要做到多了解同性恋，明白这不是一种病态，而是不同的性取向。父母应该尊重孩子的选择，在自己内心不歧视孩子，最大限度地体现出自己的包容之心。尤其是面对横行的艾滋病，父母更有义务与孩子平等地、相互尊重地进行恰当的沟通，告诉他们相关的性知识，以防止对孩子不利的性行为的发生。

孩子需要的是理解和支持，而不是父母的宣战。首先引导他们正确认识自己的性取向，如果孩子为此而感到痛苦，家长又无能为力，可以带孩子去看心理医生。

让孩子意识到无论自己怎样，父母都是能接纳和爱自己的，这是最重要的事情。

3. 如果孩子是 GAY，父母如何立足

家长：我不封建，对于孩子早恋比较看得开，因此，当我的孩子告诉我，他有一个非常好的"朋友"时，我很高兴地说："有人喜欢你说明你小子有魅力啊！"可后来我才知道他喜欢的竟然是个男孩！天啊，这样的事情要是让外人知道，我们一家的面子可就丢

光了。这让我们做父母的怎么在社会立足？

当今的人们对同性恋所知依旧甚少，所以难免会产生误解和歧视。人们总是会对陌生的事物产生恐惧，这位家长遇到的问题恐怕是很多有同性恋孩子的家长所遇到的共同难题。一项全国性的研究表明，父母得知子女是同性恋时所做出的反应，就像悼念死去亲人的过程一样。在很多方面，父母都会觉得，自己曾经认为的那个可爱、聪明的孩子再也不见了。

要父母接受自己孩子的新身份，确实需要一段时间。有些父母可能穷其一生也做不到这一点。其实，对同性恋来说，父母能够接受自己就已经是最大的幸福了。父母们可以多看看国内学者李银河、张北川的书，更多地了解同性恋是怎么回事，消除对同性恋的误会，尝试去接受孩子的新身份，一些和同性恋有关的团体组织和社区服务，如中国同性恋关爱协会，也可以为父母们提供详尽的讲解和咨询服务。

4.为什么孩子不会主动把自己的性取向告诉父母呢？

家长：我和爱人本身思想并不守旧，至少我们自己能够客观看待孩子的性取向问题，但是即使是在一个较为开放的家庭环境里，为什么孩子还是很少主动和家长谈自己的性取向问题呢？

当孩子初次意识到自己的性取向与很多人不同时，孩子内心是有惶恐、孤独和异样状态的，尤其是在更早时期，比如童年、少年时期，更会如此。我们知道，人是依托于家庭和社会而存在和生存的，因此必然要面对来自更多群体的某些思想言行方面的偏见的压力。

青春期的孩子往往更容易深陷其中而不得解脱，即使是自己的家人、朋友也是如此，因为一旦公开后，事与愿违，就有被最亲近、

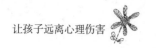

最熟悉的人唾弃和辱骂甚至断绝关系的可能，更有甚者会因此引发更多无法预见的人因为偏见所带来的滋扰。

所以，为人父母，能够更主动地把相关话题、见解分享给孩子，让孩子意识到来自家庭的接纳和爱，孩子才会放开思想包袱，主动与家人尤其是父母，聊聊自己的性取向方面的一些问题。

5. 同性恋是一种变态心理吗？

家长：我朋友家的孩子因为有明显的同性恋倾向而遭到亲戚、朋友们的漠视，视他为变态，做家长的也逐渐开始由过去的支持状态转化为模糊或者一定程度上的反对状态，请问，同性恋真的是一种变态心理吗？

关于同性恋的探讨早在100多年前就已经开始，著名的计算机之父图灵、作家王尔德都曾被时代舆论激烈讨伐，称其为"变态者"。在经过100多年的科学研究之后，世界卫生组织1992年确认，同性恋是属于少数人的自然现象，并不再将其列为心理障碍（即变态）。

2001年修订的《中国精神障碍分类与诊断标准（第三版）》中，同性恋不再被列为精神疾病。

6. 同性恋可以矫正吗？

家长：既然同性恋在社会上难以被正常看待，即便家里支持，对于孩子未来而言也难免压力重重，如果早点矫正过来，不是很好吗？

客观地讲，如果孩子是真正意义上的同性恋者，无法通过任何疗法予以矫正。美国心理学协会发表的一篇科学文献表明：长期的实验记录证明，同性恋是无法被"矫正"的，性取向无法改变。

　　当然，需要注意的是，某些以社会因素为主的同性恋倾向是有可能矫正的，比如孩子童年时期经常看到父亲殴打母亲，则孩子若是女孩，她就可能会对男性产生本能抗拒、排斥，从而更多地对女性产生亲密感。

05

"我就喜欢大叔，怎么了？"
——当孩子陷入师生恋

青春走过来，回想上学时候，都有令自己崇拜或心动的老师，对异性老师产生过"暗恋"情结是很多人都曾经历过的心路历程。

记得在我高中阶段也对一位老师产生过超乎普通师生的莫名其妙的感情，这位老师出口成章，也有特别崇拜他的刚毕业的女大学生天天来班上听他的课。确实，听他的课是一种享受，受到他的肯定，更是全班女生拼命在他的课上展示才艺的动力。记得一次他上课提问，先是提问班长，问的是课文中的一句话出自哪篇古文，班长挠挠头没有想出来，接着他问到我的时候，我脱口而出。至今记得他说过的一句话："看到了吗？这就是差距！"那句话至今刻在我的心头，成为我一直肯定自己的动力。

这些老师，或者外貌出众，或者才华横溢，或者品质优秀，或者是这些因素的结合。根据美国心理学家赫克的青春发育期性意识发展理论，处于"牛犊恋期"的青春初期的青少年，"像小牛恋母牛似的倾倒于所向往的年长异性的一举一动。对所向往的年长异性想入非非"。因此，某位异性老师越是能满足学生依恋的需要，则越有可能使这个学生对老师产生恋爱的幻想。因为女孩的青春期发育要早于男孩，所以女孩更容易产生这种现象，由于身边的男孩都显得"不够成熟"，于是一些年长成熟的异性就吸引了女孩的目光，这其中就包括一些男老师。

在青春期，父母在孩子的心目中开始变得渺小。孩子们再也不会像小时候那样崇拜自己的父母，觉得父母无所不能，而是发现自己的父母是那么有局限，甚至是渺小，不愿再听从父母的教导。但自己的能力和经验有限，很多问题又无法解决，而身边的老师，很容易替代以前父母的地位，成为孩子心中所依靠的对象。

孩子接触的人群比较有限，经常接触的异性中，除了亲人、同学之外，只有老师了。而那些风趣幽默、知识渊博、长得帅气的男老师更容易成为少女心目中崇拜的对象。喜欢这个老师，学生更会积极地去学习这个老师教授的学科，希望获得老师的肯定和欣赏。

有的学校对青春期的男女交往过于贬低、排斥，少男少女之间无法进行交往，为了满足与异性交往的需要，有些学生就会把目光投注在异性老师身上，这样既避免了压力，又在一定程度上满足了心理需要。

另外，在家庭中如果孩子缺乏父爱，如早年丧父，或者父亲过于粗暴使得孩子没有得到充分的父爱，也容易对异性的、有魅力的老师投注感情。

还有一种原因，就是老师本身丧失道德，故意引诱女学生，如故意制造和某个女同学单独相处的机会，或者主动送礼物给女同学，等等。

过来的人都知道，学校是学习的地方，如果老师和学生谈恋爱，就会给教学造成极大的冲击，因此，学校是不能允许师生恋的。

但是，这种朦胧的对老师的爱恋是青春期很多孩子有过的心理

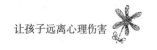

体验。日本一位心理学家曾对大学生做过回溯性调查，了解他们在中学时代是否对老师产生过超过一般师生关系的恋慕心理，相当一部分学生作了肯定回答。

经历过军训的成年人可以理解这份感情——那时候，会有很多女同学迷恋上英俊帅气的硬汉型年轻教官，军训期间就要人家的联系方式，即便是军训结束，还主动写信甚至是邮寄自己的照片。但是，随着时间的流逝，教官再也不出现，那种炽热的爱恋就会渐渐淡漠……

女孩喜欢老师往往是如醉如痴的"单相思"，对方往往并不察觉，经过一段时间的迷失之后，大多数女孩都会自然回归。有很多人，都选择把对老师的爱深藏在心里，随着成长也就慢慢消融和升华了……

但是，如若处理不好，就会伤人伤己，不但影响了自己的前途，也难免会对那位老师造成不良影响，甚至毁了对方的前途。

青春期个案
QINGCHUNQIGEAN

女学生暗恋老师相思成"孕"

有个叫薇薇的女孩，第二次来到医院非要让医生检查自己是否怀孕了。

原来，自从上高中后，薇薇就暗恋自己的几何老师，而薇薇正是这个几何老师的课代表。有一次，薇薇去老师的办公室送作业，刚好老师有事不在，当时也没有其他老师在办公室里，薇薇坐在老师的座椅上，体会着她所喜欢的这个人平时工作的地点，之后，薇薇看见桌子上老师的水杯，就拿起来喝了一口。薇薇与这位老师的"接触"仅此而已。

但是，仅凭此"接触"，为什么薇薇就认定自己是"怀孕"呢？

经过深度催眠，心理咨询师弄清楚了薇薇"假孕"的原因。原来薇薇暗恋的老师已经结婚了，但是妻子一直未能怀孕，薇薇还了解到，老师很希望有个自己的孩子。于是幼稚的薇薇相信，如果自己能怀上老师的孩子，就可以得到那个她喜欢的老师。于是不断的心理暗示导致薇薇出现了"假孕"征兆。

虽然心理咨询机构对薇薇的来访过程都采取了保密措施，但是在学校里，薇薇"假孕"的事情还是被好朋友泄露出去，并越传越神，最后薇薇暗恋的老师无法在这个学校工作，只能调到其他的学校。薇薇也无法在这所高中继续读书了，父母将她转到了老家的高中，由于需要心理疏导，薇薇只能休学一年再继续上学。

薇薇执着地认为自己"怀孕"了，其实是属于一种癔症，已经属于心理疾病的范畴。因为她喜欢那个男老师，并觉得如果自己怀孕就能得到这个男老师的爱，于是在得到一次与男老师接触的机会后，她便不断臆想，而总这样想的结果变成了一种认知，不断地心理暗示后，她认为老师真的喜欢她，认为自己真的怀孕了，真的得到了那个她喜欢的人。但是，如果她并未怀孕则意味着一切成空，于是她从内心逃避这个诊断，不愿相信这个诊断，不断强化着自己怀孕的信息，于是才第二次又来要求检查。

她为何暗恋而又诋毁老师？

高二3班班主任王老师是全班女生都推崇的帅哥，只不过年龄大了一些，而且已经结婚。

因为最近学习成绩下降，小玉被王老师叫到了办公室，当小玉听到王老师叫她那一刻，她的心就怦怦直跳，老师对她讲的什么，她一句也没听进去，只觉得面红耳赤，面对老师的问话，她闪烁其词，答非所问。王老师哪里知道小姑娘的心思，只是感觉这个女孩实在是难以沟通。

从老师那里回来，小玉感觉有一种说不出来的幸福：王老师终于关注她了，并且第一次单独"约会"了她！但是，放学的时候她傻眼了，她亲眼看到自己爱的王老师和师母两个人亲亲热热、说说笑笑地在商场购物。

她恨得咬牙切齿，觉得王老师"辜负"了她，明明对自己有意思，那边还高高兴兴地踩着师母那条船，这个男人真够坏的！难道，王老师对自己没有意思？不对，男人只要和女人单独接触，不想那方面才怪呢！哪个男人不喜欢年轻漂亮的女生呢？王老师肯定在装蒜！

马上要到期末考试了，小玉的成绩一直在下降，王老师没办法，又一次把她请到了办公室。小玉的心跳又加快了：明明想约我，却找了这么一个冠冕堂皇的借口，男人啊，哪有一个好东西？

王老师的谈话让小玉感到愤怒，原来，他只是让小玉回去把最近考试的错误题目都改正过来，竟然还建议她去看精神科医生！这显然是嘲讽、戏弄和侮辱！小玉没等王老师说完话就愤愤地走出了办公室。

小玉的肺都要气炸了，她要报复这个男人！于是她开始编造老师的"婚外情"，细节都设计得有鼻子有眼睛的。一时间谣言四起。大家看王老师的眼神开始异样。小玉开始自鸣得意，她的目的远不止如此，她最终的目的是让那个师母离开这个薄情郎，让王老师的婚姻彻底破裂！

但是小玉的行为最终被好友告发了，因为这个好友也暗恋王老师，但她不想让王老师受到伤害，面对小玉愈演愈烈的行径，她终于忍不住挺身出来保护王老师。

小玉的父母，包括老师、校长都搞不明白小玉的脑子里到底是怎么想的！老师本来为她好，她却来造老师的谣，是不是这孩子的精神出了问题？是不是她疯了？

小玉是不是精神出了问题呢？她为什么如此执着地认为男女之间只要存在单独的接触就都是男方有"那个意思"呢？并且一再地证明"男人没一个好东西"，这背后强大的动力是什么呢？

小玉的父母都是事业做得很优秀的人，他们恐怕做梦也没有想到，小玉的这一切思想和行为都与他们有着密切的关系！原来，小玉出生在一个貌似美满，实际上已经是千疮百孔的家庭。帅气的父亲在小玉出生后不久就有了外遇，而小玉的妈妈虽然知情却一直隐忍，夫妻俩一直在冷战，过着同床异梦的生活。小玉妈妈满腔的愤怒无处发泄，就转到了最弱小的目标——小玉身上。小玉从小就在妈妈痛斥"男人都花心，男人没一个好东西"这样强大的负面信息下成长，因此这种信念已经在她心目中根深蒂固了。

王老师和父亲一样帅气，一样具有权威性，于是小玉很容易将王老师投射为父亲，既然男人都好色，王老师也不会例外，他一定对年轻漂亮的自己感兴趣；别看王老师和妻子表面上亲亲热热的，肯定也都是貌合神离，因为父母告诉她夫妻间不可能存在和谐的关系。而"女儿恋父"的情结让小玉潜意识里希望父亲像别的父亲一样爱自己，不能离开自己，不能爱别的女人。于是，这些信息加上荷尔蒙的混合，使小玉将女儿与父亲的关系搬到了自己与老师的身上。

互动专区
HUDONGZHUANQU

1. 女儿总念叨一个男老师，会不会爱上了他？

家长：我女儿今年上高二了，教他们语文课的是一位新毕业的男老师，她现在回家每天都会和我们讲这个老师如何风趣幽默，如

何帅气，看样子是相当崇拜。我担心这样下去，她会不会爱上老师？

你的女儿上高二，年龄上已经到了性成熟的最高峰，再加上这位老师既"帅气"又"风趣幽默"，你的女儿对他产生好感是很正常的。但是，你的女儿能与家长进行讨论，一方面说明她对你们非常信任；另一方面也说明她并没有陷得很深，因此，不必焦虑。

2. 儿子要引起暗恋老师的注意

家长：我在给儿子收拾文具的时候，无意中发现了他写的日记，里面描写的竟全是他对一个英语老师的爱慕之情！他想尽办法想获得这位老师的注意，但是似乎没有成功。如果儿子天天想着这事，学习怎么能不受影响呢？我该怎么引导他呢？

你的处于青春期的儿子"暗恋"异性教师，无论从生理还是心理来说，都不是什么大逆不道的事情，他的情感是纯洁的，却是幼稚的、不现实的。既然他如此渴望获得英语老师的欣赏，不如就此鼓励他好好学习英语，因为如果他自己不优秀，老师怎么会把目光投射到他身上呢？当然，引导的时候要不露声色，不要让他察觉到你已经发现了他的秘密。待你的儿子将学习成绩提高上来，获得老师一定的欣赏，他自己也能获得一定的满足感，这就使得心底的这份爱得到了正向的宣泄，也使孩子生活在积极的爱中。

还需要注意的一点是，父母要尊重孩子的人格和尊严，很多家长都说自己"无意"中看到孩子的日记，其实是有意的。而不尊重孩子，任意踏入孩子的私人领地会让孩子形成敌对心理，甚至不再信任自己的父母。父母缺乏与孩子的良性互动，使得孩子非常渴望得到他人的温暖和认同，而老师的关心和照顾正可以弥补这一点，有时候这种关爱会被孩子盲目地认为就是爱。因此，这样的亲子关系实际上是造成孩子恋上老师的背后推手。

3. 侄女爱上了班主任

家长：我侄女和我关系很好，最近她和我说，她爱上了班主任老师，现在她说自己总忍不住去想，而且很不开心，也学不进去东西，我该怎么劝导她呢？

首先一定要尊重她的感情，爱是一份纯洁而高贵的情感，不论爱指向谁，爱本身是没有对错的。一方面，学校是学习的地方，如果老师和学生谈恋爱，就会给教学造成极大的冲击。从另一方面讲，老师有他们的人生目标和理想中的爱人，尽管他们对学生也有一定深厚的感情，但那绝对不等同于爱情。学生一旦步入了广阔的社会，接触的事物多了，感情就会转移。如果她不能接受以上说法，可以鼓励她通过自己的优秀来获得老师的注意，先把学习和各项能力提高上来。总之，不能因为暗恋老师而耽误了自己发展，暗恋老师完全可以成为促进自己发展的动力。如果这些都做不到，可以考虑转学，见不到"心爱"的老师，可能会使孩子平静下来，使原来炽热的感情得以缓解。当然，前提是要征得孩子的同意，否则会适得其反。

4. 女儿支持师生恋，我竟说不过她

家长：我女儿有一天和我讨论师生恋的问题，我是反对师生恋的，但她认为爱情不分年龄、不分地位，并且举出很多师生恋的例子，像什么鲁迅和许广平啊，沈从文和张兆和啊，余秋雨和马兰啊，杨振宁和翁帆啊，等等，说得我都没词儿了。我知道师生恋不好，却无法说服她，应该怎么让她正确认识这个问题呢？

暗恋老师的学生很多，但是能够走到一起终成眷属的人很少，师生恋中确实也有成功的，需要付出的代价却很大。因为，这是违背社会道德的，尤其是对于老师来说。如果孩子能接受，建议让孩

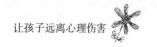

子看看老电影《窗外》。

从本质上来说，师生关系与亲子关系非常相似，老师和家长一样，主要是爱的传递者，他们的任务都是帮助孩子成长。那些优秀的老师和优秀的家长一样，会和自己的学生建立起密切而深厚的关系。这时候，孩子的世界非常有限，由于强调独立又很容易和父母对立，沟通出现问题，这时候那些优秀的异性老师凭借自身的学识以及对学生的关心，很容易唤起孩子深切的爱恋。老师如果想与学生谈恋爱，是非常容易成功的，但这并非老师独特的魅力所致，而主要是由老师特殊的身份决定的，老师在孩子的世界里，是权力的汇聚者，是王。但是，孩子到了更高的成长阶段，就会有更广阔的眼界和选择，老师的地位就会趋于平等，由于特殊身份带来的光环也将不复存在。

青少年正处于成长期，思想和情感还处于不成熟的阶段，对老师的了解也是一知半解，冲动性很大，负责任的老师应该了解这个年龄阶段孩子的特点，合理巧妙地引导学生。如果老师把持不住自己的感情，就会严重阻碍这个学生的成长。老师和学生之间，力量是不平衡的，老师迈过了这个职业界限，就是对自己权力的滥用，因此，是社会道德所不允许的。这也就是《窗外》这个电影最后以悲剧结果收场的重要原因。如果结合这样的电影范例再和孩子讨论师生恋的问题，可能孩子比较容易接受。

5. 孩子转学竟然为了回避暗恋的老师

*家长：*我女儿刚上高一下学期没几天就嚷嚷非要转学，理由是班级风气不好，很多同学不爱学习，还打架。而且说如果不给她转学，她就不念了！没有办法，我们只好帮她由公立高中转到一所私立高中。但是，转学后感觉女儿的情绪还是不太好。后来，我无意中看到女儿在草稿纸上写的几句话："虽然转学了，可是我还是忘不掉你！本来以为转学会忘记了，可是我却更想你了！每天一闭眼睛都

是你，睁开眼想的还是你。可是我怎么能爱你，你是我的老师呀！"看到这几句话，我立刻明白了女儿转学的原因，原来她爱上了原来学校的某个老师！看着陷入情感困境的女儿，我也是心急如焚，却不知道怎么帮助女儿！

从家长所提供的信息来看，孩子还处于"暗恋"的状态，并积极地在进行自我调整，希望通过转学来淡化对老师的情感，但是现在却更加的心神不安。家长一定要先接纳和尊重孩子的这份感情。

之所以产生这样的情况，是她自己过度压抑和否认自己的情感造成的，因为越压抑的情感就越会反弹，所以目前需要认可她的情感，并且告诉她：在青春期，女孩产生这样的想法是很正常的，很多女孩都有过，只不过没有谁真正说出来而已。

家长完全可以平心静气地听听孩子的想法，之所以喜欢这个老师，他肯定有值得欣赏的地方，让孩子说出对老师喜欢的地方，抒发一下内心的情怀，对孩子来说就是一个释放。当自己承认了，同时被人认可了自己的情感，孩子的情绪压力就会缓解很多。如果孩子不好意思和父母谈这些事情，也可以鼓励她通过写日记的方式来表达自己对老师的爱慕之情，将情绪表达出来，情绪的问题就会得到解决。

家长还可以在网上找一些"爱上老师怎么办"的文章或者"师生恋"题材的电影来给孩子独自观看，当然前提是被审核过的，否则容易误导孩子。通常，我们以家长身份给她讲道理，她是听不进去的，因为家长容易站在高位，而那些和她境遇差不多的女孩子，阐述自己的情感又那么丝丝入扣，会让孩子有"如遇知音"的感觉。

如网上某篇暗恋老师的学生追溯高中时对老师的暗恋过程的文章，就是以成熟女子的心态回顾这段恋情，她在文章中这样说："久而久之，发现他其实也就是一个普通人，以前的崇拜感在越来越接近这个人后慢慢消失……他还是那样渊博，那样细心，但是很多缺点也开始暴露出来了……"当一个和孩子有同样感受的人经历了一些孩子没有勇气经历的事情之后，说出的感受要远远大于我们家长生硬枯燥的道理。

既然女儿对老师的感情很深厚，也可以从老师的角度来谈：学校是不可能接受师生恋的，就算老师接受了你的感情，他还能在学校待下去吗？如果你造成了他失业，或者道德上被社会谴责，你们的感情还会有好的结果吗？即使自己不考虑学业受到影响，也要为老师考虑，从而令孩子的感情有所松动。

可以用假设结果法，帮孩子进行分析：你现在还没有安身立命的本领，所以现在还不够成熟。老师已经有了自己的事业了，你的前途还都不明确。就算正式谈恋爱，怎么也要上大学吧？那个老师能等你那么多年吗？

孩子处在情感漩涡中还是出不来的话，不妨用转移注意力的方法，带孩子出去旅游，多结识更多的异性，平时也要注意鼓励孩子多和一些异性交往，扩大孩子的视野。

另外要注意，虽然校园中也存在少数男老师对女同学图谋不轨的做法，平时要告诫孩子和男老师相处的注意事项，如尽量不要单独和男老师处在一个空间里，不要和男老师单独外出等，但是在孩子已经非常爱慕老师的前提下，家长如果说老师的不是，孩子是不可能接受的。这种情况只能独自去找老师，必要时候找学校解决，但一定要注意对孩子的心理保护。

06

"我是不是个坏人？"
——如何面对青春期孩子的性问题

我曾在五年级上过一堂以"压力"为主题的心理课，当我问学生们他们都通过什么方式解压时，一个男孩声音很高地说："看黄片！"

有一次，我住在亲戚家，一个远房的小表妹和我相处非常融洽，她偷偷告诉我一个秘密：六年级放假的一天，他们班几个女生和几个男生在一个同学家过夜，一个男生和一个女生在一个被窝！

说实在的，孩子们如此的口无遮拦着实吓了我一跳，如果说四五年级的学生对异性有了朦胧的好感是可以接受的，但是他们冒出的这些话怎能不令人担心！

在初中部上心理课时，有些男同学会对某些词语，如"凸起""持续时间长"等非常敏感，还故意发出大惊小怪的声音。从班级同学的反应来看，大家都明白是怎么一回事了。

看到这些表现，我不得不接受孩子们早熟的事实，并且可以判

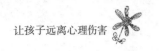

断，他们已经过早地接触到了性信息。

我们当前面对的信息时代，大量的色情信息冲击着孩子，这已经成为无法忽视的现实。有一次，我在家给孩子在电脑上找资料，结果鼠标随便点击了一个链接，跳出的页面都是关于性交的文字和画面，可怕的是，还有声音和视频！如果孩子自己上网，谁能保证他们不接触到呢？

在一次教学的课堂上，我想给学生找一首歌曲，就在教室的多媒体屏幕上直接打开搜索网站，结果跳出的广告都是游戏中的凸显胸部和臀部的少女，还有非常暧昧的话："皇上，今晚你来不来？"当时，吓得我赶紧关掉了页面，再也不敢随便在课堂上上网了。

但是我们家长准备好了吗？青春期的性教育已经成为不能再回避的话题。

然而，面对这个话题，大人们都是很羞于启齿的，大部分家庭都会谈"性"色变；有一部分思想开明的家长想给孩子讲一讲，但是却又不知道从何谈起。

之所以不知道怎么谈这个问题，是因为家长自身对这些问题也很迷茫，对性方面的知识也很有限。因此，家长应该学习一些有关性方面的知识来充实自己，这样与孩子谈论性问题才能有自信心。

青春期的性问题已经非常急迫，几年前，我在北京青少年心理咨询台接听来自全国的青少年来电时，很多是关于性方面问题的困惑电话。这些孩子，在性道德中迷茫，甚至有的走上了犯罪的道路。

我是个龌龊的 "小流氓"

　　我今年18岁了，性格内向。三年前，我从同学那里借来一本情爱小说，那里面，有很多关于性爱的描写……从那时候起，我便开始了自慰。一直以来，我每天都要有一次，我听人说"一滴精，十滴血"，这样下去会让身体严重亏空，而且对将来的夫妻生活似乎也有很不良的影响……这一切，让我很自卑，平时也不敢和女生交往，在同学面前，我都抬不起头来。每次自慰后，我都告诫自己，这是最后一次了，但最终都是生理上的恶魔战胜了我的意志。我感觉自己很下流、很龌龊，我恐惧，我担忧，我自责，有时候感觉自己已经绝望了。我被这个恶魔控制住了，想挣扎却无法自拔……

　　自慰，通常指用手或者其他物体刺激性器官而获得类似性交的快感，以求达到高潮，也称为手淫。过去人们对手淫有很大的偏见，认为手淫有害，伤元伤肾，会引起性功能障碍，影响生育，甚至会引起痴呆、早衰、早死。这些错误的观念在国外主要是由于宗教影响，在国内则是由于中医理论和社会伦理道德影响。

　　现代医学认为这种行为只要有节制、不过度，对身体是无害的，这种行为和道德无关。就像人渴了要喝水，饿了要吃饭一样，性欲也是人的基本天性之一，对于性欲旺盛而又不能通过异性的渠道宣泄性能量的青少年来说，自慰是一种不影响和侵害别人的比较合适的方式。

　　据国外资料，自慰是青少年中相当普遍的现象，男子80%—90%、女子50%—60%都有过自慰行为。国内的青少年组织、心理咨询机构及热线电话等经常接到青少年关于自慰问题的提问，说明这在国内也是常见现象。

但是，很多青少年尤其是青少年的家长存在着落后和错误的观念，当这些观念与青少年蓬勃的性冲动相冲撞时，就可能造成孩子心理的扭曲，使孩子沉浸在耻辱和负罪感中不能自拔，进而影响学习和健康的成长，还有可能影响到未来的婚恋问题。

案例中男孩的种种不良情绪以及行为上的退缩都来自对自慰缺乏正确的认知。自慰被一些人错误地认为是"下流的"，对"身体健康和个人生活有严重不良影响"，这样的非理性观念，都在戕害着自慰者的心灵。案例中的男孩由于抵制不住自慰的快感，又存在着这些错误的观念，因此深深陷入了意志和行为的矛盾冲突中——生理的欲望、自慰的行为总是不断战胜不要自慰的"坚强意志"。

实际上，自慰是青春期性行为的重要途径，不仅释放了多余的能量，还促进了性腺的发育，手淫在青少年中是一种并不少见的现象。处于青春期的青少年由于性激素增多，会引起性欲，性欲是健康人的主要标志，没有性欲则预示着内分泌和性器官出了问题。但是，青少年从性成熟到符合法律规定的最低结婚年龄，需要等待好几年时间，而这段时间里性能量又是一生中最高的，所以需要宣泄，以解除性紧张带来的躁动不安。因此，手淫是青少年最简单、最方便、最安全的宣泄方式。

适度手淫是无害的，青少年时期有无手淫，与日后的智能、成就、社会适应以及性能力都没有任何联系。

但过度手淫则对身体有害，容易导致尿路感染及前列腺炎，影响学习和工作，甚至影响生育。建议孩子不要穿过紧的内裤，不要接触性刺激的图片和声音等，有睡眠需求的时候再上床睡觉，早晨不要赖床，醒后立即起床。多参加体育活动，锻炼身体，分解旺盛的精力。

15 岁男孩的秘密

一个妈妈心急火燎地来到心理咨询机构，一定要心理咨询师帮帮她的孩子。

原来，这个妈妈近日在用儿子的电脑处理文件时，发现了电脑里有色情游戏软件，里面的女孩子都赤身裸体的，母亲继续巡查，发现电脑里还有大量的色情图片，清一色的女人裸体照片！可以肯定的是，儿子一定登录过黄色网站，并且下载了这些东西！

愤怒的妈妈等到儿子一放学，就把他拉到电脑前让他解释这些图片和游戏是怎么回事，儿子红着脸说是美术课学人体素描的需要……妈妈哪里肯信，再三逼问之下，才说从同学那里传过来的，大家都有这些东西，但自己就是看看而已，什么也没做……

妈妈气急败坏地说："你这么小就看这些东西，知道吗？这就是流氓！"

没想到儿子恼羞成怒，一下子甩开妈妈的胳膊，大声嚷道："真多管闲事！"之后跑到爷爷家，三天没有回家。

"我儿子竟然这么小就有这种流氓倾向，我该怎么教育他呀！"这个妈妈忧心忡忡地说。

正处于青春期的男孩对女性胴体产生兴趣，产生性幻想并且通过自慰泄精是很正常的事情，并非什么见不得人的事情，更不是什么"流氓"行为。

随着第二性征的出现，男孩和女孩的体貌特征更加不同，所以，这个时期的孩子对异性人体产生兴趣是很正常的。伴随着成长，一个不可回避的问题就是青少年对性的解读，异性胴体照片自然会成为青少年解读性密码的手段。

但是，案例中妈妈的做法严重伤害了孩子的自尊，冒犯了孩子的隐私权。本来，浏览人体照片，这已经让儿子很难堪，但是，妈妈的传统思想，即认为这些行为如此肮脏、流氓，无疑会造成儿子的心理障碍，让儿子产生自卑、内疚、羞愧的心理，并且对性产生罪恶感和神秘感，这种对性渴望而又不能调和的情绪，最终会对其身心造成难以复原的伤害，很有可能在未来的性活动中造成性冷淡和性恐惧甚至是罪恶感。

很多孩子是悄然度过性意识觉醒后的迷茫阶段的，但是，青春的隐私是忌讳被父母拷问的，这种无法解脱的尴尬，会成为孩子和父母之间永远的隔膜。

如果继续"教育"孩子，只会让孩子的心越走越远，如果妈妈继续穷追不舍，孩子就会无颜再和妈妈生活在一起了。妈妈的明智之举，应该是什么也不说，无为胜有为，当什么也没有发生过，并适当暗示理解孩子的行为，否则只会为孩子的成长之路设置障碍，越"帮"越"忙"！

互动专区
HUDONGZHUANQU

1. 孩子问我人是怎么来的

家长：一天晚上和女儿散步，她突然问我："妈妈，人到底是怎么来的？您能给我讲讲吗？"这个问题很突然，让我一时不知道说什么才好。只能采取缓兵之计："这个问题说起来……有些复杂，我理理思路，以后再回答你。"我该怎么和她讲呢？

很多家长面对孩子的性好奇不知道如何应对，一般来说，都会采取一些错误的方式，如含糊敷衍"没什么可好奇的，都这样"等，这样的回答没有让孩子的好奇心和学习的愿望得到满足，孩子依然会心存疑问。

有的家长一听孩子问这方面的问题，会很愤怒，甚至羞辱孩子："你研究点什么不好，怎么对这个感兴趣呀！"这样的家长本身就认为性是"下流"的事情，在这样的"引导"下，孩子从小就会对性产生羞耻心，对性知识的探求受到压抑，因为感觉神秘反而更加好奇。

有的家长面对孩子的性提问，常说的一句话是："你现在不懂，长大了就自然明白了。"似乎孩子不通过任何手段就能在性知识方面自学成才。实际上，任何知识都是需要学习才能获得的，有很多上当受骗的女孩子就是因为不懂必要的性知识而受到坏人欺骗。有的孩子即使上了大学对性知识还是一无所知，甚至认为与异性接吻就可能怀孕，这样的"性文盲"不懂得保护自己的身体，反而会更容易让自己受到伤害。

对于性教育，最忌讳的就是父母慌慌张张、遮遮掩掩的神态和表情。面对孩子，我们不妨也简单起来，回归自然，给孩子真实的答案。对于性教育，父母需要把持的最佳态度就是自自然然、大大方方，因为性知识与其他一切自然科学知识一样，都是客观存在的普遍事物。

与青春期的孩子谈性，我们可以从植物和动物的性与繁殖说起，接着联系到人的性与繁殖，用动植物的生殖活动进行示范性比喻，使孩子易于理解。

如果自己还是怕说不清楚，可以借用工具。生理方面的书籍以及网络也有一些关于"受精""胎儿在人体内成长"的科普资料可以提供给孩子，让他们从正规的渠道去获得相关的性知识。

如果孩子已经产生了性好奇，父母总是避讳谈"性"，孩子就会自己去摸索，这可能会让孩子错误获取一些过分刺激的信息，使孩子走上不良的道路。

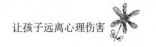

2. 女儿在卫生间里……

家长：从小我就给女儿养成了天天洗屁股的习惯，小时候是我帮她洗，后来她大一些之后就自己洗。可是有一天我发现她洗了半天不见出来，后来我看门没有锁上，就打开一个门缝，却发现女儿用手使劲地搓着下身……我怕她发现后两个人都尴尬，就赶紧离开了。事后我很着急，假装什么都不知道任其发展吧，怕孩子陷得深了；和她谈谈吧，又不知道如何开口。我该怎么办呢？

首先，你适时离开没有捅破女儿的这层窗户纸是一种尊重女儿隐私的表现。但是从你的"着急"和"怕她陷得深"的焦虑和想沟通却不知道如何沟通的矛盾中，看得出你正在努力寻找办法来引导孩子。

自慰是青春期男孩的普遍现象，但这并不等于女孩就没有自慰的行为。据相关资料显示，国外女性中有自慰行为者占58%。国内女中学生中有自慰行为者占4.7%，在女大学生中占16.5%。这个数字说明女孩子自慰也是一个并不鲜见的现象。

对青春期的男孩来说，"精满则溢"，如果性能量得不到正常的发泄，他们会通过手淫或梦遗等性行为方式进行宣泄，这种生理行为无可非议。对女孩来说，特别是一个性发育成熟的女孩，用手触摸和刺激性器官引起快感，这也属于正常的生理反应。

但是女孩用手指或其他物品进行自慰的时候，容易感染疾病，同时，也提高了性器官对性刺激的要求，在将来正常性生活时不易出现性高潮，也可能会出现性冷淡。

建议你找些包含青春期自慰题材的健康杂志读物给女儿看，以学习健康知识为目的，这样女儿容易接受一些。虽然你没有指定要求她看关于自慰的章节，但是她肯定会很感兴趣，这样在轻松的氛围中也让女儿学到了性知识，便于她更好地保护自己。

3. 儿子的书包里竟然有避孕套

家长：我是个对儿子的学习盯得很紧的妈妈，孩子放学后我都放弃其他事情看着他写作业。周末我也放弃休息陪他参加各种学习和艺术技能的补习班和培训班。但是，即使是看得这么严，还让我查出他书包里有盒避孕套！看到这个我吓得半死！也让我很有失败感。我不好向他问这个，就让他爸爸对他旁敲侧击，后来竟然知道原来他用这个来自慰！这个消息虽然比和女生发生性关系要好一些，但我也觉得很不舒服，仿佛以前在我眼里的那个孩子不见了，成为了一个陌生的大人，同时也担心他将来会不会过早地在性方面出问题，现在我对他和异性的关系非常敏感，搞得孩子很厌烦，我也知道这样不好，可是就是控制不住自己。

首先可以肯定的是，你是个负责任的妈妈，你为了孩子牺牲了自己休息和娱乐的时间，但是你如此"盯"着孩子，要求孩子放学后的时间和周末的时间全都用来学习，孩子是否乐于接受？

孩子逐渐长大，已经有了自己独立的意识、判断和行为准则。从你的行为可以看出，你是个控制欲很强的妈妈，你不仅控制着孩子业余的时间，连他背后搞的隐私也能被你"查出来"，当他有了超出你掌控的行为之后，你开始有种失控的恐慌感，觉得孩子成了一个"陌生的大人"。很遗憾，我很难不将他的手淫行为与你的高压管教相联系——也许正是在你如此密不透风的"关爱"下，在这样压抑的环境中，他才出现了手淫这样的行为。

青春期的孩子，非常需要有丰富多彩的文体活动，这些活动可以强身健体，还可以转移他们的注意力，使过剩的性能量得到有效的宣泄，家长不要只把目光放在学习上，更不应该怕耽误学习而限制或禁止孩子的活动，单调乏味的生活会使孩子用寻求刺激的方式来调节疲惫的身心。一个青春期的男孩，如果学习上不够用心，体育上懒于运动，又没有一项活动使他感兴趣，随着年龄的增长，荷尔蒙的分泌，他不想男欢女爱，又能干什么呢？

当然，你让孩子的爸爸与孩子交流性问题是很明智的，进入青春期的孩子，更喜欢和同性家长去交流性方面的问题，这时候，同性家长的引导显得尤为重要。

4. 虽然相处得像哥们儿，但是我无法启齿

我是个没有架子的爸爸，我儿子和我相处得就像哥儿们一样。这几天我发现他的房间里有用过的卫生纸，很潮湿。但孩子没有鼻炎，也没有吐痰的习惯，以过来人的经验看，估计儿子在自慰。当时也觉得这很正常，没什么大不了的，可是，每天我都发现这样的卫生纸在孩子的纸篓里大量存在，我有点担心儿子自慰过度伤害身体。平时，我们俩挺能聊的，可是这个问题，让我这个老爸也有点难以启齿，想对儿子表示理解，也想表示对他的担心，却又担心沟通不好伤害他的自尊心，不知如何是好。

如果孩子自慰过度是会表现出一些症状来的，经常性的射精会引发反应迟钝以及疲倦症状，有的还出现头昏、眼花、耳鸣、心悸、失眠等，导致学习、工作力不从心。你可以先观察下儿子是否有这样的反应。如果孩子朝气蓬勃的，就是你瞎操心了。

如果孩子确实表现出萎靡不振的样子，可以从关心他身体的角度多问问他还有什么其他不舒服的地方，以判断他是否自慰过度。

也可以适当提醒儿子："注意自己房间的卫生！"之后给他一个意味深长的笑，估计你儿子一定能悟出你的理解，有了问题也可能会向你请教。

有意无意地在他床头放上一本关于性方面的书，让他明白自慰是怎么回事，使之正确认识并且保持合适的频率。

平时休息时多带孩子出去进行一些消耗体能的运动，如打球和

爬山等，让孩子通过其他渠道宣泄能量。

5.13 岁的儿子偷看色情书刊

家长：我昨天竟然在儿子的枕头底下发现一本色情书刊！我真不知道该怎么办好。假装不知道？这样下去可如何得了！骂他一顿吧，似乎又不太合适……孩子才 13 岁，我该怎么处理才恰当呢？

青春期的孩子身体已经出现了巨变，性器官的发育，加之体内分泌大量的雄性激素、雌性激素，使男女之间形成一个"性别磁场"，男孩为阳极，女孩为阴极，阴阳相互吸引，对异性接触的渴望加强。但是，在现实生活中，他们找不到合适的渠道去宣泄这样强大的性能量，因此，有些孩子选择看"色情书刊"，有的孩子会选择手淫。

性成熟提前，性教育落后，这是当今青春期的孩子们正在面临的问题。孩子接受的性教育不够，而处于青春期的孩子又渴望了解这些，当他们不能从正常的渠道去满足需要，就会从不正当的渠道去探求，如"色情书刊"。

为了避免色情文化引诱孩子走上邪路，家长要给孩子正确地讲解性的基本常识，或者给孩子挑选一本健康、科学的书籍让孩子看，科学的性知识是理性的，正确的性教育也不会带给孩子性刺激。但是，要注意的是，直接作用于孩子的感觉器官的性刺激是非理性的，往往会诱发孩子的性冲动。家长在日常生活中要检点，避免在孩子面前有性行为或过分亲昵的举动，在家里不要看色情录像。

6. 他为春梦而烦恼

家长：周末有一天，孩子神神秘秘地问我："我妈不在家吧？"确认他妈妈去加班后，他才红着脸不好意思地说："爸爸，我有一些男人的问题想问你，我最近总梦到一些不该梦到的那种……黄色的梦，醒来我还感到自己的下身湿漉漉的……我觉得自己很下流，本来很不想做那样的梦，但是我控制不住自己。我是不是精神出了什么问题，或者得了什么心理疾病呀……"当我和孩子说，这是青春期很正常的生理现象的时候，孩子才松了一口气。尤其听到我说自己这个年纪时也做过这样的梦，孩子终于露出了笑容。看来，性梦把他吓坏了！

　　进入青春期，一些男孩子的性特征开始出现，胡须、阴毛开始萌发，喉结逐渐突显，嗓音变粗，同时出现了初期的早泄和晨勃现象，对异性产生了好奇、渴望。可是孩子会感觉很困惑，有的会让他们惴惴不安，甚至觉得自己的品行是不是出了什么问题，春梦就是让一些男孩子感觉不安的一个很典型的现象。

　　随着雄性荷尔蒙的分泌增加，大脑皮层兴奋活跃，这种兴奋、渴望和对异性的观察、向往，使他们产生了春梦。

　　有些男孩子在睡觉中会梦到自己相识的或者喜爱的异性以及她们的乳房、腿等部位，此时阴茎也会情不自禁地勃起，达到高度兴奋时就会射精。春梦不是病态，而是一种不由人控制的潜意识性行为，是青春期心理活动的重要内容之一。

　　据国外调查报告显示，近100%的男性做过春梦，而做春梦的顶峰期在15—30岁。春梦与道德品质一点关系都没有，这一点一定要让孩子知道，这只是青春期性意识成熟的一种表现，不必大惊小怪。

　　有些男孩之所以为春梦而烦恼，甚至觉得自己低级下流，是因为孩子有时候春梦或者性幻想的对象不仅是自己的同学，有的还有自己的邻居甚至亲友，这就容易令孩子产生罪恶感，认为自己乱伦，道德沦丧。因此，除了要让孩子知道春梦的普遍性之外，还要重点向孩子讲清楚：春梦的对象具有不可选择性。春梦属于无意识行为，不受人的主观意识控制。

　　另外，适当的春梦对人体还有一定积极的作用。春梦是人体对各种器官及系统的自我检查和维护，睡梦中的性高潮不仅能使人缓解白天的精神压力，还是对现实中没有得到的性满足的一种补偿。

总之，要让男孩们明白：正常的男孩开始成年，就会做春梦。关键在于如何调节和宣泄，把精力放在学习和各种活动中，就会转移春梦对自己的困扰。另外，尽量不要接触激发性刺激的事物。

7. 怎么教孩子控制性冲动

家长：我知道儿子已经有女朋友了，有一次他带几个男女同学到家里来玩，我通过他们的谈话和起哄就明白他们之间的关系了。我身边就有朋友在高中谈的恋爱，后来结婚的，所以，我并不反对儿子谈恋爱，只是睁一只眼，闭一只眼，假装不知道。没想到，最近，儿子给我写了一封秘密的信，说自己喜欢上一个女孩，有一次想她时自己用手自慰了。事情过后，自己觉得很可耻，万一有性冲动了，该怎么克制呢？孩子这么信任我，我非常感动，但是这个问题还真不太好回答。

回这封信，首先要打消孩子的错误观念：很多男孩在性冲动后，就觉得自己是个坏孩子，羞愧、自责，甚至无心学习。其实，性和吃饭一样，都是人体必需的。

从生理角度上看，性冲动不受大脑支配，而是由血液中的激素水平所决定的，是一种不以人的意志为转移的自然现象，也是一种自然能量的积累过程，当它集聚到一定程度就应该有一个合理的宣泄途径，因此，性冲动就产生了。

在孩子步入青春期后，性器官日趋成熟，在性激素的影响下，都会产生一些爱慕异性的情感，再加上孩子接触一些图片、电影等，都可能会让孩子产生性冲动。

所以，告诉孩子，性冲动是很正常的事情，不必觉得羞愧，但青春期更重要的是积累知识，为自己的未来铺垫好基础，相比人的

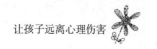

生理需要，未来的前途更重要，所以，要做到自我克制，这样才不至于浪费精力，不至于危害身心健康。

在日常生活中，要减少引发性冲动的来源，远离色情书籍和电影，尽量避免对外生殖器的压迫和摩擦，要穿宽松的内衣睡觉。如果一旦出现性冲动、性紧张，可以进行自我调节和自我暗示，深呼吸对自己说："要冷静，不要冲动。"如果难以缓解性紧张，偶尔用自慰的方式缓解一下，也是可以的，但不能频繁，否则就会对身体有害了。

8. 色情暴力入侵孩子的视线

家长：为了控制孩子用手机，我只在周六周日向他开放使用，平时都由我来保管。一天我正在给儿子没电的手机充电，无意中手机开了机，我看了一眼，发现儿子的一个同学曾发给过他一个链接地址，并留言说：你想看的这里都有，相当刺激！于是我就点了一下这个链接，结果发现里面不仅全都是色情视频，而且都是性暴力、性虐待等很变态的那种！天啊，孩子竟然看这个！从留言来看，或许他和同学们已经在谈论这些话题了，孩子可不要走上歪路呀！真是急死人了！

由于青春期的孩子已经对性有了探索的欲望，当他们没有正确的渠道了解时，有时候会误入歧途，比如不小心接触了色情暴力等不良信息。绝对杜绝色情信息是做不到的，互联网这么发达，总有一些漏洞，调研发现：36%的青少年曾在网上接触过色情信息。所以，与其堵，不如疏导。

如果不及时疏导，孩子沉迷于这类信息，就会想去模仿、尝试和体验，这样下去，容易走上犯罪的道路。比如，一个年仅14周岁的包头市土右旗少年，不仅强暴了同村6岁的小女孩，而且怕被受害人指认还杀害了这个女孩。落网后他说，是因为看了黄色录像后起色心的，当时没想后果。

如果孩子已经开始接触这些色情暴力信息，家长就有必要和孩子讨论，并且给他一些相关的案例以示警醒。这样的探讨，最好由同性别的家长来与孩子交流，更为方便。

我们一定要告诉孩子：色情暴力信息是有意突出其色情成分来诱惑人的。它的制造者的目的就是吸引我们，甚至让我们沉湎其中。但是，这些信息呈现的内容和人物并不都是真实的，甚至是对性的严重扭曲。不要通过这样的信息来了解男人和女人，更不应该像主人公那样去对待异性。

男人和女人之间产生爱情，最后可能会升级为性，但是性体验应该是美好的，是以尊重对方感受为前提的，并不是像有些色情暴力场景那样变态，甚至对异性进行侮辱。如果孩子区分不开，将来会以为异性也喜欢被那样对待，甚至当对方反抗时，还会以为是兴奋。

看这样的信息，会刺激人产生欲望，万一控制不住性冲动，去强迫别人发生性行为，就属于犯罪。所以，看这样的信息后果是非常可怕的。

为了增加说服力，你可以让孩子去了解心理学家班杜拉做过的一个实验：让一群小孩看别人对着一个充气塑料娃娃又踢又踩，还用锤子砸。结果，这些看了暴力场面的孩子轮到自己有机会玩这些玩具娃娃时，也会非常暴力，甚至还能想出一些新花招来虐待玩具娃娃。仅仅是看别人施加暴力，孩子就会变得如此暴力，可想而知，看过这类信息的孩子，将来在现实生活中施暴的程度会比没看过这类信息的孩子强烈得多。

07

"怀孕就做掉，反正我自己有钱"

——少女流产谁之痛

　　少女堕胎现在已经有上升趋势，据一个妇产科的朋友透露，每年暑假都是流产手术的高峰期，做流产手术的大多是18周岁左右的女孩子。

　　新浪网曾经做过一个调查，其中一个问题是：你在哪个年龄阶段发生过性行为？其中15岁以下的青少年占5.29%，15岁到18岁的青少年占13.06%。不过，业界比较认可的中学生有过性行为的比例为6%—10%。宁波市曾针对青少年开展了一次生殖健康知识问卷调查，调查显示：遇到意外怀孕时，近七成的青少年选择自己解决；对于婚前性行为，64%的青少年表示宽容和理解；60%以上的青少年未能从学校获得青春期生殖健康教育，仅有30%的青少年能够正确回答避孕方法。更多的青少年是自行通过报纸、杂志、网络等渠道零散地获取生殖健康知识的。

　　如今的少女自我保护意识薄弱，有的女孩即使怀孕了还对自己的身体状况不知晓，往往到了怀孕三个月后才意识到这个问题，但是流产手术已经做不了了，只能做引产手术，这对女孩的身体伤害非常大。但是，由于对健康知识的缺乏，有的女孩以为做个无痛流产和感冒差不多，反正也不觉得痛，做完了除了身体虚弱之外没什么感觉，完全不知道这对她们的身体健康会造成怎样的危害。

对于堕胎的少女，有的家长能给予一定的温暖和关怀，有的家长则认为这是奇耻大辱，对孩子雪上加霜地冷漠斥责，这往往把孩子推向更危险的境地。很多女孩找男朋友甚至不惜用身体来取悦男朋友，根源就在于在家庭中缺少爱，找不到可依靠的人，这样的情况在单亲家庭中更为常见，另外，学习成绩不好或过早失学的孩子也容易因为寻找情感寄托而导致怀孕。

很多女孩在堕胎后，自我形象都会很差，觉得自己不再洁净，或者对性产生厌恶、耻辱的心理，并且对两性关系产生消极的认识。因此，如果家庭里出现这样的情况，家长不仅要关心孩子的身体健康，更要关心她的情绪和认知。

青春期个案
QINGCHUNQIGEAN

《劲舞团》"堕胎门"事件

一张血淋淋的三个月死婴的照片曾在网上各大论坛流传，照片里的死婴被大堆的白布围着，在死婴的四周，大团的血把白色的布染成了鲜红色。

"陪孩子痛了4天……我想孩子会知道……我是有苦衷的！错就错在……不该爱上你……孩子没罪……希望孩子体谅我们！当水冲走孩子的刹那……用眼泪送走了孩子。对着血淋淋的孩子说：妈妈对不起你。"这是小玉网络日志中的真情告白，照片中的死婴，

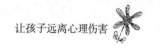

则是小玉所生，并且拍下传到网上去的。

原来，19岁的女孩小玉在网络游戏《劲舞团》中认识了20岁的男孩小峰，小峰是玩《劲舞团》的"高手"，同样也是资深玩家的小玉对网络中的小峰产生了好感，并在游戏中领了"结婚证"。在第二次见面的时候，正是情人节，他们发生了性关系，当时也没有采取任何保护措施。为了爱情，自初中毕业后就无事可做的小峰也从自己的老家专门来到小玉所在的城市，目的是为了陪小玉读书。但是，不久他们就因为现实生活问题产生了争吵，最后小峰一气之下回到了老家。

但是，不久小玉就发现自己怀孕了，更不幸的是，经过医生的检查，小玉是先天性子宫纵隔。医生对小玉说，这毛病会影响她的生育，这个孩子对她来说，是人生中的第一个，也可能是最后一个。于是，小玉在堕胎后用手机拍下了照片，并传到了网上。

没想到这照片如同一颗炸弹，造成了网络的轰动，也严重影响到了小玉的生活，后来她关掉了自己的网络日志，也放弃了自己的学业。

小玉爱上了游戏中的小峰，却忘记了那不是现实中的小峰。现实中的小峰是一个初中毕业就一直在家里，生活中除了上网、睡觉、抽烟、喝酒以外没有任何事情要做的人。当他们真正生活到一起，才发现生活要面临的问题。但是，一切都已经晚了。

沉迷于网络的青少年容易将网络与现实混为一谈，但是，网络毕竟是虚拟的，谁能知道在网上那个潇洒的帅哥在现实生活中是一个如此不学无术，连基本的生存技能都没有的人呢？

如果一个青少年缺乏兴趣爱好，业余时间没有正确的渠道打发，就很容易沉迷于网络，由于其辨别能力尚弱，更易痴迷于虚无缥缈的网恋，发生小玉这样的悲剧，也就不足为奇了。

如今，随着网络的普及化，网恋已经在青少年之间迅速蔓延，除了通过网恋来获得自我认同、释放情绪之外，家庭影响也是一个重要的因素。有的家长过于干涉孩子的自由，尤其是情感问题，使他们的情感长期被禁锢，难以直抒胸臆。而在网络中，他们可以找到自己的知心朋友，时空的距离使彼此增加了许多想象的成分，增添了美感，同时又可以放心地交流感情，最后产生网上恋情。还有的家庭父母离异或者经常争吵，甚至将情绪发泄到孩子身上，使孩子缺乏家庭的温暖，如果倍感无助的孩子在网络中找到知音和依靠的话，肯定愿意沉浸在其中不能自拔。因此，在家长斥责孩子网络成瘾或者发生网恋时，都要扪心自问，自己是否给孩子提供了温暖、和谐的环境？自己在孩子的问题上是否负有责任？

不能要也要不起的幸福

"怀孕对于一个拥有幸福家庭的成年女人来说，意味着更加幸福，可是对于17岁的我来说，是一种要不起也承担不起的幸福，即使将来我做不了母亲，现在的我也只能选择堕胎这条路……"安安面对心理咨询师哭诉说。

17岁的安安已经堕胎三次了。第一次，是因为男友在学校打架特别威风，而且还敢于向老师挑战，她觉得男友特别神气，恋爱时，两情相悦发生了关系，当时，她还不知道避孕套为何物，那时，她16岁。

第一次堕胎后，她从医生和朋友那里明白了一些避孕知识，知道了使用避孕套，可是男友感觉不舒服，后来就不戴了，她想的是，怎么就那么容易"中招"呢？结果距离上次堕胎不到半年，她又怀孕了。

第二次做手术的时候，医生就很严厉地说两次流产相隔的时间太短了，太不知道保护自己了！这让安安有些害怕。

做完手术后不久，安安就和男朋友分了手，两次的创伤加上不

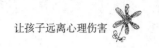
成熟的争吵和矛盾，让安安对男友失去了信心。

后来安安又有了新的男朋友，由于朋友间很多都有过性经历，他们交往没有多久就直奔主题，这个男友同样不喜欢用避孕套，他说体外射精可以避免怀孕，安安将信将疑听从了他，结果造成了第三次怀孕。但是，这次医生告诉她，由于她的子宫已经严重受损，将来有可能不能再怀孕了……

一个17岁的少女因为对性知识的无知竟然付出了这样的代价！仅仅17岁，她的生活和学业必然会因为几次恋爱及堕胎被撕扯得七零八碎。未来的幸福呢？那更是个遥不可及的话题。

有人曾做过关于中学生对性行为态度的调查，调查显示：有21.7%的中学生认为过早发生性行为不合适；有68%的初中生和56%的高中生认为没有爱情也可以有性爱。可见年轻人性观念越来越开放了，这是堕胎人数增多的首要原因。

另外，性知识的贫乏也是导致少女怀孕堕胎的重要原因。很多家庭对于性问题都避而不答，以为孩子"长大了就自然会明白"，还有的家长认为性教育是学校老师的事情，可是大多数学校都没有开设性教育的课程，这使得很多处于青春期的孩子无法从正当的渠道来获得科学的性知识。他们大多都通过网络来了解心中的疑惑，但是这些信息中很难避免色情和挑逗成分，不但没有给青少年正确的指引，反而可能助长青少年对性的渴望。因此，当孩子有性困惑或者对性知识有渴求，希望得到父母的指导的时候，家长一定不能遮遮掩掩，更不能呵斥训骂，应该在适当的时候本着大方、自然的原则给予科学的讲解。

互动专区
HUDONGZHUANQU

1. 孩子晚回家，禁还是不禁？

家长：我家女儿是个初中生，有时候他们会有一些同学聚会，但我严格要求她在晚上9点之前必须到家，为此我们争吵过几次，她说班里的男生就可以晚些回家，为什么对她管得那么严，这是对女孩的歧视！我向她解释过很多次，男孩和女孩是不一样的，女孩得保护好自己，万一受到伤害怎么办？可是我这样说她也听不进去，我真不知道该如何与她沟通这个问题。

如果你只和女儿说女孩和男孩不一样，因此在行为的要求上有所不同的话，恐怕你的女儿确实难以接受。在限制孩子行为的同时，应该详细说明限制她的理由，男孩和女孩到底哪里不一样。面对这个时期的孩子，有必要让她了解与异性交往的尺度问题，如身体的敏感部位不能让异性碰触，如果不这样做，可能会产生什么样的结果，等等。当孩子明白了这些知识后，就会理解父母限制自己的原因，同时也能提高对性行为和性侵害的防范意识。在和孩子讲这些知识的时候，切记不要夸大其词，如有的父母可能会吓唬女儿说，与异性亲吻就会怀孕。这样的教育一旦被孩子识破，就会使孩子丧失对家长的信任。

尤其要提醒孩子注意的是：尽量不要和异性单独相处，如果相互爱慕的青春期男女过多地单独相处，往往会踏进性的禁区。尤其是夏天。夏季的高温很容易使人的感情升温，再加上单薄的衣物更容易激起青春期男女的性冲动。而且，在这种环境下，发生的性行为一般都不会采取什么措施，很容易怀孕。

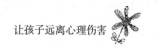

2.如何预防孩子偷吃禁果

家长：据我了解，孩子班级里很多同学都谈恋爱，我也不是很反对女儿这样做，毕竟大环境这样。我唯一担心的就是：女儿扛不住男朋友的性要求，偷吃了禁果怎么办？

当我们和孩子讨论性冲动会带来的危害时，她也许会说："放心，我会控制好自己的。"或者说："我相信他能控制好自己。"

有些女孩知道过于亲密的接触有可能会给自己的身体带来危害，所以控制力要好一些，但是有时候往往男孩无法自控，并且用"你到底爱不爱我？爱我为什么还对我保留？"这样的话来让女孩心软。所以，女孩的家长，当你知道女儿恋爱了，还是要明确告诉孩子亲密接触的界限以及当男朋友提出性要求时，自己该如何去做。

需要让女儿知道，谈恋爱时都免不了想亲密接触，刚开始可能是拉手，然后是拥抱、亲吻，最后就是性的接触了。如果对方为自己着想，男孩是个成熟的人，不会在青春期这个还不能为自己的行为负责的年龄阶段，向女孩提性要求。因为一旦引爆这个炸弹，受伤更多的一定是女孩。

家长可以告诉孩子几点青春期性行为的危害：

（1）过早的性生活可能造成生殖器官的损害及感染

处于青春期的男孩和女孩，有的器官还没有发育成熟，生殖器都还很娇嫩，对性生活也没有一定的保护措施，很容易引起感染，也很容易受伤。

（2）过早的性生活可能严重影响心理健康

通常情况下，少男少女的性行为都是在偷偷摸摸的情况下进行的，没有任何心理准备和生理准备，而且，事后男孩女孩都会感到可耻，又担心女孩怀孕，害怕暴露并产生恐惧感、负罪感以及悔恨情绪。毕竟，在学习、生活都很紧张的学生时代，是承受不起这样的心理负担的。如果真的怀孕，那直接影响的是未来的前途，也会造成左右为难的局面，毕竟，男女双方都还承担不起父母的角色，而流产，又有可能造成女孩身体和心灵的双重伤害。久而久之，会引发心理变态，如厌恶异性、厌恶性生活、性欲减退、性敏感度降低和性冷淡。

（3）过早的性生活还会影响未来的婚姻质量

如果在青春期谈恋爱就发生了性行为，而男方和女方都需要经历一个漫长的过程才能担负起婚姻的责任，在这期间，谁也不能保证相好如初，分手也是难免的。若将来再与别人结婚，这段经历有可能成为婚姻中的阴影。就算两个人从青少年相恋一直到未来修成正果，那么，最可以享受的年华，新婚的甜蜜也会大打折扣，因为最美的人生体验已经在惶恐不安中被提前预支了。

（4）过早的性生活影响学习和生活

青春期正是一个人增长智慧最紧要的时期，一旦有性行为产生，必将影响学习的精力，对本人、家庭和学校都将带来强烈的震撼，所以青春期一定要避忌性行为，珍惜自己的身体和宝贵的时间，从整个人生规划的角度去做这个阶段最重要的事情。

除了理性讲解，我们也可以利用一些形象的比喻来让孩子明白这个道理：

过早体验性生活，就好比一只正在向蝴蝶蜕变的毛毛虫，提前被人用剪刀将茧破开一样。蝴蝶虽然挣脱了出来，但是它的身体很小很萎缩，蝴蝶在余下的生命里都是极其可怜地带着萎缩的身体和瘪塌的翅膀在爬行，可能永远都飞不起来。

一个人的成长也是如此，必须要经过青春期的情感的考验，待到合适的时机再去收获爱情的果实。这就如同蝴蝶从茧上的小口挣扎而出，这是上天的安排，要通过这一过程将体液从身体向翅膀挤压，这样它才能破茧后展翅飞翔……

花开得早，谢得也快。同样的道理，蝴蝶在破茧而出的时候，

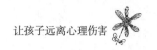

如果过早突破，可能等来的就不是美丽的飞翔，而是终身的残疾。春天花开了，花儿看见这样不坚韧的蝴蝶，它们也不会在乎这只蝴蝶，这只蝴蝶也不会有精力再去沾花粉传播给其他的花了。

毛毛虫必须经过一番痛苦的挣扎才能蜕变成美丽的蝴蝶，人也必须经历必要的过程，才能收获成熟的果实。对于青少年来说，在思想上、经济上都不能自立的青春期就发生性行为，就如同蝴蝶在时机不成熟的时候，就想"破茧"，这不仅可能带来身体上的隐疾，还会给心理带来沉重的压力和阴影，从而影响人生的幸福。

3. 女儿怀孕了，我的脸可往哪里放！

家长：前几天，我的女儿哭着对我说她可能怀孕了！简直气死我了，没想到家里竟然出现这样的事情！那一瞬间，我真想把女儿赶出家门，这要让她爸知道还不知道多生气呢！我是当妈的，心软一些，可是一想到带着十几岁的孩子去医院做流产，我这脸可往哪里放啊！

首先，我觉得您应该感到庆幸，孩子出了这样的事情还能告诉您，说明对您还存在一定的信任。有的孩子由于对父母已经丧失了基本的信任，出了这样的事情自己想办法解决，那样很容易对自己造成更大的伤害。

孩子既然已经出了这样的事情，当务之急是尽快帮助孩子解决这个问题。既然您的女儿哭着告诉您这个消息，说明她也非常后悔和害怕，这时候，她非常无助才想让妈妈伸出援手，如果您不给她温暖的依靠还将她冷漠地推开的话，这对孩子来说，无疑是雪上加霜！她还能找谁去寻求帮助呢？如果说未婚有孕是一种罪的话，那么怀孕带给孩子的忧虑和恐惧足以让孩子受到惩罚。

从责任角度来说，这也与父母平时对孩子关心不够有关系，如果父母对孩子有一定的关注的话，事态也不会发展到这个地步。因此，还是尽量挽救事态的发展，让女儿的心理创伤降到最低。

过早怀孕对少女的心理伤害是很大的。原本她们是在对性的好奇心和性模仿的心理驱使下与异性发生的性关系，刚开始兴奋，但是一旦怀孕内心就开始恐惧、自卑和冲突。在被推上手术台接受流产的过程中，除了身体的疼痛，精神上也容易萌生罪恶感，陷入忧愁和孤独之中。经历了这件事，她们往往无法把精力放在学习上，心中的阴影很难驱散。

本来社会对未婚先孕就是不接纳的态度，少女的心理压力很大，一般她们会先求助于自己的男朋友，而这些男孩面对这种情况鲜有能独立承担的，他们的逃避和缺乏责任感的态度会给女孩更大的心理打击。如果这时候父母再对自己进行责骂和歧视，会让已经伤痕累累的少女无法再承受。

当女儿向父母求助，那就证明她已经无路可走了。她们的压力已经很大了，不能再承受来自父母的压力了。如果父母一味责骂，认为女儿使自己蒙羞，严重的有可能造成女儿的轻生，就算没有走绝路，在以后的人生道路上，恐怕这个阴影也会笼罩着她。

有个妈妈同样遇到了这样的事情，她处理得比较冷静。首先，带女儿去了医院，为了保护孩子的隐私，用自己的名字帮女儿挂了号，确认真的怀孕后，陪伴女儿做了流产手术，并且以得了急性阑尾炎为由，为女儿在学校请了一个月的假，自己也专门向单位请假，回家一心照顾女儿。整个过程，只有母女两个知道，连孩子的爸爸都一直不知情。女儿对妈妈非常感激，更加努力学习，最后进入了一所名牌大学。

4. 好朋友怀孕了，不敢告诉家长

朋友：我的好朋友不小心怀孕了，她不敢告诉爸爸（她是单亲家庭），因为她爸爸平时对她就很凶，也很少关心她。可是我们又不敢去正规的医院做手术，我们看到路边墙上贴的一个小广告，说

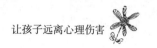
一家私人诊所可以做这个手术，不知道可靠不可靠？

所有非法堕胎的地方都不能去。这些地方环境差，器材还有可能消毒不彻底，另外做手术的医生的技术是否过关都无法确定。如果不具备正规医院的资质和环境，会很容易令子宫受伤，甚至感染艾滋病等病症。正值发育期的少女，子宫又软又细，特别容易受到损害，流产时的刮宫有可能对女孩的子宫内环境造成损伤，严重的还会导致女孩今后不孕。

一般来说，人工流产容易导致人流不全，子宫穿孔、漏吸、感染、出血等人流综合征。少女的生殖器官发育尚未完全成熟，增大了人流手术的难度，从而使并发症的发生概率比成年人高很多。因此，在选择医院的时候一定要去正规的医院。

虽然少女怀孕的事情对父母很难启齿，尤其是和单亲家庭中的父亲沟通此事，孩子可能会感到惶恐和痛苦，大多数父母知道这样的事情后也会感觉震惊和愤怒，但是，他们最终还是会向孩子伸出援手、爱惜和帮助孩子的。出于费用以及后期休养的问题，都免不了让家长知道，因此，尽量还是让你朋友和父亲沟通为好。

5. 劝孩子流产，她却说我没人性

家长：那天晚上，女儿突然说了一个令人震惊的消息：说她已经怀孕三个月了！我们还没有反应过来，她又补充了一句："这是爱情的结晶，我就算放弃学业也不想放弃他！"当时，我一下子感觉天都要塌下来了！孩子怀孕也就罢了，竟然还要生下来！要知道，她才上高二！以后的人生怎么办？我冷静下来后一再劝她赶紧去做人流，可是她却说我没人性！说我这样做是杀人！我真不知道该怎么办了！

遇到这样的事情确实很棘手！大多数少女在意外怀孕后，都会

选择放弃孩子，因为她们知道自己无力承担这样一个生命，但是也会遇到这样要把孩子带到世界上来的少女。面对这种情况，父母绝对不能用强制的方式去解决。

如果孩子这边说不通，可以尝试从男孩方面入手，如果男孩的态度不够明朗，女孩就没有了坚持的意义。但是，这会在一定程度上给女孩带来心理创伤，需要后续的心理治疗。但是，毕竟长痛不如短痛，这也会让女孩看清楚一些问题的本质。

如果男孩也坚持，那就需要和男孩的父母对话了，让男孩的父母做工作。一般来说，为了孩子的前途，家长都不会愿意这么早就做祖父母的。

如果这些都不行，可以采取缓兵之计。有个妈妈就在孩子的坚持下采用了迂回的方式。她表面表示支持孩子当母亲，先顺应孩子的意愿。随后，让孩子戒掉零食，因为对肚子里的孩子不利；让孩子戒掉电脑和手机，因为会辐射肚子里的孩子；不能上体育课，因为剧烈运动会造成流产；并且不可以不上学放弃学业，因为未来不能做一个没有文化的妈妈；还要补充叶酸、每天让女儿吃最讨厌的鸡蛋，因为胎儿需要营养。

女孩觉得妈妈说得有道理，就照办了，但是很快她感觉到了生活的不适，并且呕吐开始了，女孩烦躁起来。

妈妈又带她到产科看那些待产的孕妇，算是提前让她有心理准备。当女孩听到产妇撕心裂肺的叫喊时，内心有些崩溃……

趁这个时机，妈妈又说，生一个孩子，不仅是身体上的一次洗礼，更重要的是，你要给孩子提供幸福的生活，而孩子生下来，你们有房子给他住吗？用什么给他买奶粉、买纸尿裤？用什么来支撑他未来的教育费用？孩子的智力开发，你懂吗？

妈妈知道，过去孩子是听不进去这些具体的问题的，如今顺其自然地提出来，女儿开始沉默。

紧接着，妈妈又找到自己曾经在网上写过的育儿记录，让女儿

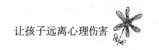

看自己从小的成长点滴，才知道育儿的艰难……女儿终于开始内心松动，并且提出要找男朋友谈一谈。

没想到，这次谈话非常不愉快，两个人争吵起来，女儿气呼呼地回到了家。

这个时候，妈妈又进一步说："你能保证你们的感情到未来一直都会很稳定吗？你想过没有，如果有一天，你和他不再好了，你们分手了，孩子就一定要和你们其中一个人生活，再严重些他成了孤儿，被人欺辱，你能受得了吗？而且你能保证如果是你一个人带孩子，会带好他吗？"

几句话问下来，女儿做出了流产的决定，她终于意识到，自己还不具备做母亲的资格。

因此，顺应孩子的心理去做工作，孩子才能更合作。

"我没法讲我的痛"

——让孩子远离性侵犯

爱护下一代，是家长义不容辞的责任。而孩子自己当然也不希望受到伤害，整个社会都需要集中起所有的力量来保护下一代的安全。社会上普遍认为女孩比较容易受到性侵犯，其实，男孩也有可能会遭受到类似的不幸命运。这样的问题大多发生在用心不良的成人和孩子之间，但也有可能在青少年之间发生。而不论受伤害的是男孩还是女孩，一旦遭受了性侵犯，受害者和整个家庭，都会被蒙上一层阴霾。

对北京海淀区的四所中学做的一次关于性侵犯问题的抽样调查结果显示，遭受性侵犯的总发生率为14%，其中男生占2.4%，女生占11.6%，主要表现为被迫接受触摸、亲吻、拥抱及被迫性交等。而遭受过性侵犯的孩子的抑郁倾向明显高于其他孩子，并且，曾经遭受过性侵犯的孩子对性的看法和普通孩子有着显著的差别。

因此，为了保证孩子能够有一个健康美好的未来，杜绝性侵犯，

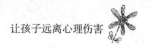
每一位家长都必须要高度警惕。

青春期个案
QINGCHUNQIGEAN

疯狂的报复

　　杨洋到现在都不觉得后悔，他觉得，自己的女朋友周梅梅背叛了自己。既然和自己在谈恋爱，就不能同时也跟别人好。杨洋说，这样脚踩两只船的女人，早就应该受到惩罚了。

　　事情还要从两个孩子刚刚上高二的那一天开始说起。因为文理分科的原因，杨洋和周梅梅从不同的班级被分到了一起，都处于青春期的两个孩子一见倾心，很快两人就成为班级里面众所周知的一对小情侣了。

　　然而，一次偶然的机会，杨洋发现女友周梅梅同时也和其他班的另一个男生有着亲密的交往。杨洋非常气愤，他认为女友背叛了自己。如果她爱自己，就应该一心一意地对自己好，怎么可以同时脚踏两只船呢？在调查清楚了那个男生的底细之后，放学回家的路上，杨洋找来了自己的好兄弟李大力和王海冰，在男生回家的路上把他劫了下来。在三个人的威胁下，男生承认了和周梅梅交往已经两年多了。

　　听到这里，杨洋突然明白，原来他和周梅梅在一起的时间远远不及这个男生。也就是说，他自己竟然一直被蒙在鼓里。一气之下，杨洋对两个兄弟使了个眼色，三个人对该男生挥动起了拳脚。

　　然而，事情并没有就此结束。杨洋还有一桩心愿没有了，他要报复女友周梅梅。

　　周末的晚上，杨洋约周梅梅在 KTV 门口见面。等周梅梅赶到的时候，发现杨洋和李大力以及王海冰都在等着自己。四个人进入包厢之后，周梅梅正要去点唱机前面选歌，杨洋却一把把她按在了沙发上。没有等周梅梅反应过来，杨洋劈头盖脸就开始问起她和那个男生的事情。周梅梅见事情再也掩饰不过，只好从实招来。

杨洋故意把音响的声音调到最大，他生气地朝周梅梅的脸上扇了两巴掌，恶狠狠地说："老子今天也让你尝尝被玩的滋味。"说时迟那时快，杨洋动手就开始撕扯周梅梅身上的衣服。知道事情不妙的周梅梅连呼救命，可是她的声音却淹没在音乐声之中……

在这起恶性犯罪的背后，折射出的是家庭教育和学校教育的失败。在一个健康的家庭中成长起来的孩子，面对感情的时候，应该保持更多的清醒和理智，而不会像杨洋一样用如此疯狂的举动来解决问题。家庭对这些孩子的管束过松，在他们过早地接触社会的时候，并没有加以正确的引导，才使杨洋等人没有树立起正确的人生观和价值观，最终走上了犯罪的道路。

1. 青少年的典型性侵犯案件都有着明显的苗头，平时不经意间的一个露骨的性活动都会有明显的征兆。

家长应该严密关注孩子的自身行为以及与孩子有接触的人的行为。一方面是为了避免自己的孩子产生犯罪行为；另一方面可以避免孩子成为性侵犯的受害者。

遭遇期——这一阶段，侵犯者往往对被侵犯者表示出足够的好感，并且通常用一些小恩小惠来诱惑被侵犯者上钩。两人的这种特殊接触往往发生在比较隐蔽的地方，多在比较信任的人员之间发生。同时，也不排除使用暴力手段直接强迫受害者就范的案例。

性互动期——在侵犯者的诱惑或者威胁下，两人之间的有关性的活动开始在数量和深度上不断增加，而受侵害者往往会因为羞涩或者惊吓而不知所措，进而丧失了反抗的能力。

强制保密期——为了使这种性侵犯的活动能够长期进行下去，侵犯者往往会要求被侵犯者保密。威逼或者利诱，都是侵犯者最喜

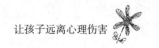

欢的手段。而大多数孩子因为不明白这种行为的危害性，最终选择了沉默。

暴露期——因为偶然的事件，使性侵犯者和被侵犯者之间的关系暴露出来，此时，家长最需要做的是保护孩子的人身安全。等孩子被解救出来之后，及时对孩子进行医疗救助。而减少受侵害者心理上的痛苦，是最困难也是至关重要的一件事情。有些家长出于保密的考虑，有时并不愿意接受外界的干预，如果侵犯者本来就是家庭成员，情况就更加复杂。在和孩子交流的时候，应尽量采取宽松、温和的方式，从而避免孩子产生抵抗情绪。在经历性伤害之后，家长需要为孩子寻找专业的心理治疗机构，为孩子缝合好心灵的伤口。

压制期——有些事情的伤害，不是在一两年之内就可以走出阴影的。所以，孩子很有可能长期处于压制期之中。而有些家庭中的父母认为性侵犯是可耻的事情，所以会极力掩盖事情的真相。其实，最正确的做法是，让孩子学会去面对这件事情。只有敢于正视心中的黑暗，才能战胜心中的恶魔。想要走出阴影，必须要敢于正视曾经的伤害。如果整个家庭和孩子一同去压制这个事件，只能让这个事件变成毒瘤，继续为这个家庭制造毒素，也会影响孩子的一生幸福。

2. 在遭受了性侵犯之后，孩子会产生明显的身心变化，家长越是早一天抓住这个苗头，越是能够早一天帮助孩子脱离苦海。

有时候，孩子因为各种原因而不敢向家长明说自己的遭遇，此时就更需要家长的细心和耐心，从而发现事情的蹊跷之处。

在遭受了性侵犯之后，孩子的身体上不会留下明显的痕迹。而唯一可以鉴别是不是发生性侵犯的部位，只有生殖器和肛门。如果家长发现孩子的内衣裤上面有异样血迹，就要耐心询问孩子是否发生了什么事情。通过医学上对生殖器和肛门的检查，往往可以发现擦伤、撕裂、红肿、疼痛、出血等现象，甚至还会留下精斑。如果发现较晚，很有可能会产生一些感染性疾病，女孩子甚至会有妊娠现象发生。比较容易发现的是孩子的衣着，如果孩子对自己的衣服撕破或者弄脏这件事情遮遮掩掩，家长就应该意识到有性侵害发生的可能性。

一旦遭到了性侵害，孩子在行为上也会产生明显的变化。如对实施性侵害的人突然出现充满敌意和自我保护意识、畏惧黑夜和黑暗的地方、有意回避其他人、乱写乱画奇怪的东西、孤僻自卑、不敢在公共浴池沐浴、逃避见到性侵害者等情况。

遭受性侵犯，对孩子的心理和社交能力都会产生严重影响。所以，关爱自己的孩子，就要及时关注发生在他们身上的微小变化。见微知著，是一个好家长的本职。

如果孩子突然之间变得对性知识异常感兴趣，试图触摸他人或者儿童的性器官，对异性或者同性表现出莫名的好感等现象，家长需要警惕孩子会不会有实施性侵犯行为的可能性。

道德面具后面的邪恶

张志是一名小学教师。在外人看来，张志是一个传统的书生，他有一个爱他的妻子，有一个漂亮的女儿，生活看上去很幸福。然而，只有在张志教的班级里面上课的小女孩，才见过他伪善面目下的邪恶。

张志教六年级，他所任教的班级里面有十多个女孩。这些女孩全都十二三岁，虽然并没有完全发育成熟，但已经可以看出究竟谁是个美人胚子了。于是，张志在每天放学之后，总是以补课和开发智力为名，拐骗不同的女生单独留下来。这么大的女孩的心思还是那么单纯，她们谁也不知道自己究竟会面临什么样的厄运。

起初，张志只是试探性地猥亵一下他看上眼的女孩。大多数的女孩都慑于他的淫威而不敢反抗，偶尔有几个性子比较刚烈的女孩刚想要叫，张志就以把这件事情告诉她的父母为名来唬住她。等到时机逐渐成熟之后，张志更加放肆大胆。他趁着妻子和女儿不在家的时候，偷偷地以帮助学生提高学习成绩为名，把女孩诱拐到自己的家之后进行了强奸。这一次，张志威胁女孩的言语更加可怕。他告诉女孩，要是把这件事情说出去，他就不准许她再上学了。

女孩信以为真，在她们幼小的心灵中，老师有着一手遮天的本事。因为害怕张老师真的不再让自己上学，所以长时间以来，张志做下的勾当从来没有被揭发。他还会适时地给孩子们一点奖赏，运用手上的私权肆意修改女孩的试卷以让其得高分。就这样，张志这种卑劣的行为骗过了一届又一届学生。最多的一次，一天之内曾经作案三四起，竟然诱奸了三个女孩。

直到一个女孩意外怀孕，张志的禽兽行为才最终暴露出来。

家长平时多忙于工作和家务，总是以为把孩子送到了学校就安全了，因此就会对子女在校的情况疏于过问。在现行的教育体制下，家长总是过多地关心孩子的成绩，却很少有时间能够和孩子们坐在一起推心置腹地交流。因此发生在孩子身上的一些情况，如果不认真关注孩子，也就很难知晓了。

1. "师本位"的观念根深蒂固，家长其实是在无意之中解除了孩子的防备。

一个孩子，在遭受同伴的攻击时，会做出应有的反抗，可是在面对老师的诱奸时，为什么完全失去了抵抗力呢？长期以来，家长对于老师的过度信赖，让孩子误以为老师可以代替家长的位置。"在学校一定要听老师的话，老师让你干什么就干什么"，这是很多家长在送孩子去学校的时候最常说的一句话。当这一理念被父母无数次地灌输到孩子脑海之中时，就在无形之中树立起了教师的权威性，使孩子认为老师是不可反抗的，是必须要无条件顺从的，从而导致孩子不敢对老师说"不"。

2. 青少年虽然并没有完全发育成熟，但他们已经有了"性"的

概念，家长要及时给孩子讲解关于性的知识，不要让孩子因为对性的无知，而成为他人性侵犯的对象。

大多数人往往认为，孩子尚且年幼，没有任何必要了解性知识。而正是因为孩子对性缺乏足够的认识，不知道有些行为意味着伤害，才会让犯罪分子为所欲为。许多家长忽略了青少年性心理成长过程中所需要的关怀，一些家长还会压制孩子与异性交往的渴望。孩子一旦遇到性侵犯，便会慌乱而不知所措，怕因此受到家长的责备和打骂，所以最终选择了三缄其口。这就给犯罪分子提供了更多的机会。

3. 孩子自身的权利意识和自我保护意识的缺失也是重要原因。因此，家长要逐渐向孩子强调足够的自我保护意识。

要加强孩子的法律意识、权利意识和自我保护意识三方面的培养，才能尽可能地杜绝性侵害发生。家长恰当贴心地讲解一些性保护知识，可以提高孩子对不良性行为的辨别能力，可以更有效地防范不法侵害。教会孩子，特别是女孩，面对性侵害如何进行自我保护和逃脱。但是有必要告诉孩子，生命大于一切，在任何的时候，保命都是第一位的。

互动专区
HUDONGZHUANQU

1. 女儿出去找朋友玩总让我很担心

家长：我家女儿十五岁了，有时候出去找朋友玩的时间长了，我都会担心她，就怕她受到性方面的伤害，可是也不能总限制她交友的自由，怎样和孩子沟通，让她有这种意识呢？

女孩的乳房、阴部、臀部，男孩子的阴茎、阴囊和臀部，都属于隐私部位，家长应该从小就教育孩子，这些部位不应该让他人随便触碰。一旦他人对自己有侵犯行为，就要赶紧跑开，并且把这件事情告诉家长。不论性侵犯者是不是熟人，我们都要追究其责任。

要告诉孩子，如果自己不愿意的话，完全可以拒绝别人的拥抱和亲吻。不要说别人做这种动作可能是出于对你的喜欢。必须要懂得拒绝，否则只会让孩子丧失掉自我保护意识。

在头脑中要时刻具有防范和自我保护的意识。坏人和好人在外表上没有任何区别，有可能对孩子造成性侵犯的大多数为男性，但也有少数女性，熟人、陌生人都有可能。因此，一定要时时提防，小心上当受骗。

作为家长，我们没有能力改变社会上那些不安定的因素，但是我们可以提高孩子的自我保护意识，避免他们受到伤害。

青春期的女孩，正是爱玩的年纪，溜冰场、游乐场、KTV 等场所都是她们喜欢去的地方，但一些娱乐场所可能就会隐藏着危险，比如酒吧，这样的地方尽量避免让孩子接触。

如果孩子坚持要去，在劝说无效的情况下，一定要告诉她们几条原则，避免受到伤害：

不要一个人单独去娱乐场所，最好和朋友一起前往；

看好自己的饮料，避免别人在杯子中放入某种药物；

不要抽别人递过来的烟，避免染上毒瘾；

不要让陌生人送自己回家……

另外，一些安全警示，在日常生活中也需要灌输给孩子：

父母不在家的时候，告诫孩子不要随便给陌生人开门，不轻信陌生人。

让孩子尽量减少独自待在偏僻地方的可能性，晚上最好不要一个人外出。外出时，一定要问清孩子去什么地方以及几点回来，随时和孩子保持电话联系。

不接受陌生人的财物，不和陌生人随便搭讪，与陌生人保持一个成人臂长的距离，这样在必要时，可以迅速逃脱。看到有车靠近的时候，要提高警惕，与车身保持适当的距离。

不管怎样，都不要跟陌生人走，除非父母同意并知道去处。

如果一个陌生人确实需要帮助，他会去寻求其他大人的帮助。

不要长时间逗留在人迹少见的地方，如公园、树林、停车场或者其他地方。

一个人在街上行走的时候，如果遇到坏人，首先要保持头脑冷静。晚上尽量向有光亮的地方逃跑，白天则向人多的地方逃跑。及时拨打父母的电话和110求助报警，并大声呼救。

2. 女儿遭遇男生的骚扰

家长：我女儿最近向我透露了一件烦心事：班里有个男生追求她，但是被她拒绝了。最近，班级里男生的几个朋友总是起哄，比如下课时，把这个男生推到她的身上，而那个男生趁机抱住她，占她的便宜。她气得不行，但是那些人却哈哈大笑。

青春期的女孩如含苞待放的花蕾，最容易成为"色狼"的攻击对象，通过描述看，目前女孩已经受到了性骚扰。

从心理上分析，男生的这种行为源于青春期性心理发育过程中的一种行为偏差，因性意识的觉醒和性道德规范不平衡所致。如果得不到应有的矫正和制止，这当中一些人可能会从挑逗女生开始，走上流氓犯罪的道路。另一方面，女生如果没有办法应付这类骚扰，就会给她们带来烦恼，使青春期的性心理发育发生扭曲。

如果再有类似的事情发生，首先要敢于推开这个男生凑过来的身体。这不仅是人遇险时的正常本能反应，而且表达出了敢于抗拒的态度。一般来说，男同学不会因为你的推挡而再次袭击你，更不会认为你冒犯了他而对你记恨。但不要借势追打对方，否则容易演变成一场嬉戏闹剧而冲淡了你的抗拒行为的意义。

紧接着，需要正式和严厉地对男生的行为表示斥责和警告。

正常情况下，男同学不像社会上的流氓痞子，还是有一定的自尊和理性的，受到斥责之后，还是会有尴尬之感。但是斥责时语气上要义正词严，面容严肃，用词要讲究，不要开口就骂"臭流氓""不要脸"等，可以说："你这样做，像个男子汉吗？""这样做，不觉得丢人吗？"让他产生自惭形秽的感觉即可。

在学校里，教师是学生的保护人，因此受到骚扰后应该报告教师，这不仅是为了保护自己，也是为了教育帮助那些男同学。教师的批评和学校集体的舆论足以让这些男同学受到教育。但如果问题不是很严重的话，一般情况下不要向这些男生的父母告状，否则会由于一些家长不得法的惩罚，而使他们破罐破摔，自暴自弃。

除了对男同学的举措有些必要的反应之外，女孩还要注意自身的举止和行为。一般来说，男生的骚扰是有选择性的。其中主要是与男生交往过于随便、亲昵的女生。本来，在异性同学之间，是有一道心理鸿沟的，男孩子并不敢贸然越过，但那些举止轻浮的女孩子则不自觉地给了对方鼓励，一旦有了第一次跨越的体验，第二次、第三次就不存在多大的心理限制了。有的女生也许对男生的骚扰并不反感，甚至可能从中得到一种满足，这是十分危险的。举止轻浮不仅得不到正派的男同学们的尊敬，还会招致社会上的流氓的伤害。而且，她们如果经常受到来自异性的感官刺激，就会逐渐撤去女性的心理防线，以致沦落下去而不能自拔。

受男生骚扰的另一类对象是性格过于软弱的女生。当这些女孩受到男孩的欺负，除了害怕外，不知道该怎么办，而一些男孩往往就倚仗体力的优势欺负女孩。到了青春发育期，男孩的攻击性已带有质的改变，但这些女孩尚不能准确认知，仍然像从前一样把男生的欺弱行为忍受下来，怕遭受报复。有的女生则怕事情闹大让更多人知道，于是只得自己暗自落泪。而她们的软弱却使那些男生更加大胆和放肆。这些女孩如果经常受到这方面的伤害，就会加重心理负担，甚至形成异性恐惧症。所以，只有改变软弱，勇敢起来，最终才能保护自己。

除了保护要得法，反击要有度之外，家长还要教女孩子学会自我心理调节。经历骚扰之后，女孩心里一般都不会平静，若不做好心理调节，滞留于心中的消极的不良情绪，就会严重地干扰学习。有的女同学可能因此而觉得屈辱、羞耻，深恐别人说三道四，因而在同学面前抬不起头来。有的女孩觉得自己吃了亏而心存愤怒，老盘算着如何找机会请人来报复。其实，这类事只暴露了那些男生行为不端，自己并未损失什么，更不影响自己的人格或品行，报复只会给自己带来难以预料的不良后果。

还有一种情况，我们需要帮助女孩区分开：就是被骚扰并不代表被男生喜欢。遇到这样的骚扰，有个别的女孩也许会想：瞧，喜欢我的男同学还是挺多的。这是虚荣心在作怪，男同学的骚扰行为并不说明他们尊重这个女孩、喜欢这个女孩，恰恰相反，这是对女孩的轻薄行为，应该对此反感。

3. 孩子受到性侵犯不说怎么办？

家长：万一孩子受到了性侵犯，但是又不向我们家长讲怎么办？

孩子有心事是否与我们沟通，这在于家长平时和孩子相处的亲密程度。如果我们平时尊重孩子，对孩子付出足够的关爱，让孩子感到自己是完全被接纳的，那么，孩子即便受到他人的威胁，也能在你面前大胆地揭发性侵害者。

注意观察孩子的言行。当孩子有一些反常性的举动的时候，家长就要提高警惕，不过，父母要学会耐心引导，而不是逼迫孩子说出来。

身为家长，要相信孩子所说的话。你的信任，正是他们敢于把真相说出来的力量之源。不要否定孩子，如"怎么可能呢？""你是不是搞错了？"否则你永远听不到孩子的委屈。应当在孩子倾诉完之后，和孩子一起寻找解决的办法。

不论什么时候，家长都应该保持冷静，等孩子把事情说清楚之后，再做决定。此时你的激动，反而会吓坏孩子。父母的理解和支持在这时候非常关键，孩子本身处于恐慌和害怕的状态，家长这时候提供的安全感就显得尤为重要。

当孩子和父母谈起自己的不幸遭遇的时候，我们一定要心平气和地倾听孩子的诉说。父母在听到孩子的倾诉之后所表现出的态度是十分重要的，那就是既不要恐慌，也不要过度反应。如果大人一听就暴跳如雷，表现出特别震惊、鄙视或其他消极反应，那就如雪上加霜，这将不可避免地给孩子的心灵带来进一步的创伤。

4. 老师总有意无意触碰女儿身体

家长：我的女儿刚刚上高一，可是，她在放学回到家之后却死活不愿意再去学校。仔细追问才得知，原来她的班主任老师总是有意无意地碰触她的身体。作为家长，我们该怎么办呢？

不论对方是谁，只要侵犯到您女儿的人身权利，就应该受到严惩。但是在没有足够证据的前提下，我们的孩子必须要学会保护自己。父母在处理这件事情的时候该遵循的原则是，孩子的利益高于一切。

给孩子积极的鼓励，并且要解释清楚，孩子本身并没有犯错，不必因此自责和内疚。

如果老师再有意无意对她进行性骚扰，可以鼓励孩子大胆说出自己的反感，对这个老师有一个态度上的震慑，如果老师对其他女同学也有类似的情况，可以联合其他女同学一起来抗争，必要时候可以向学校领导反映。

我们不能让孩子生活在恐惧不安中，所以为孩子选择一个安全的生活、学习环境十分有必要。如果问题没有得到解决，孩子依然在学校中缺少安全感，不妨给孩子换一所学校，远离这个环境。

5. 女儿受到了强暴，我不敢张扬又不甘心隐忍

家长：我的女儿对我说，她受到了强暴……我一时间不知道该如何是好，这件事张扬出去，对女儿和全家都不利，但是就这样忍下去，我们真的又不甘心……

当孩子受到了如此的伤害，首先要带孩子去医院进行检查，看看孩子的身体是否有所损伤，请专业的医师及时做出正确的判断。

与孩子保持持续的沟通和交流，一方面要让孩子理解到不管她发生了什么事情，父母都会继续爱她；另一方面还要密切关注孩子的心理变化，以防孩子有想不开的情况发生。

正是很多家长这种"怕丢丑"的心理，使得犯罪分子逍遥法外，也使得我们的孩子一生都背负着愤怒和耻辱感，这对孩子是利还是不利呢？有些家长担心很多人知道这件事会影响孩子将来的择偶情况，但是，孩子怀着这样一个沉重的秘密走向婚姻，难道不会影响到婚姻的幸福吗？现代社会，女性的自身价值有很多实现的渠道，并非像封建社会一样，女人的贞操要比生命还重要。那个年代，女人在与男人的关系中只能以客体身份存在，而如今，女人完全可以做主体。但是，如果家长没有这样的意识，下一辈的女儿恐怕还是会以客体形式存在于男女关系里，继续男尊女卑的命运。

如果女孩认为贞操是身为女人最大的价值，那么她们在受到伤害之后就不敢去冲破心灵的枷锁，去把犯罪者缉拿归案。殊不知，这正是在纵容犯罪者，越是胆怯，就越是给犯罪者更大的胆量。自己身上的锁链，也一生无法挣脱。

无论这件事继续追究还是隐忍，都有一个不能忽视的因素：孩子意外遭受性侵犯之后，心理上会产生极大的阴影。这个事件，可能会让孩子改变对社会、未来以及性的看法，因此，家长应及时带孩子到心理咨询机构就诊，以寻求到更有力的外界援助，帮助孩子重新树立起生活的信念。

"网络世界真精彩！"
——引导孩子适度使用电子产品

相信家长都深知网络对现代社会的影响，要想让孩子适应现代文明，就必须引导孩子健康上网，适度使用电子产品。对于现代的孩子们来说，利用网络来获取更多的知识、提高学习技能已经是不可或缺的途径了，更不要说很多老师都已经通过网络来发布作业和各种通知，以及要求孩子通过网络上传朗诵等功课，连课后对孩子的功课的点评，也都是通过网络来完成。

青少年好奇心强，面对花花绿绿的虚拟世界，常常会缺乏冷静和客观的态度，因此，家长也不能掉以轻心。

有一次，我在街上遇到一个邻居，她正在各个网吧寻找她的儿子，儿子迷恋网络游戏已经很久了，由于家长反对上网，现在放了学就进网吧，面对这愈演愈烈的情况，邻居不知道如何是好。

过去青少年上网还要依赖笨重的电脑，但随着智能手机的发展，青少年上网变得更加容易和方便，网瘾，也开始在青少年群体之中弥散开来。

卫生部发布的数据显示，在全国的青少年群体中，6%—8%的上网的青少年都有不同程度的网瘾。网瘾又称为互联网综合征，主要表现为对现实生活冷漠，沉浸在虚拟的网络游戏、社区、信息等内容之中无法自拔的行为过程。网瘾，是正常人受到网络的诱惑而产生的心理问题。在患有网瘾的人群中，有20%—30%的患者病情较为严重，主要表现为厌学、拒绝与他人进行交流等，更为严重的还有可能出现身体机能的衰竭、心脏骤停、猝死等情况。

因此，如何有效遏制自己的孩子染上网瘾，已经成为摆在各个家长面前刻不容缓的问题。

青春期个案
QINGCHUNQIGEAN

网瘾少年离家出走三天三夜

14岁的小刚，在第一次偷偷进网吧玩过一次游戏之后，就再也不能把心思踏踏实实地放在学习上了。每天放学之后，他都会把舍不得花的零用钱交到网吧老板的手里。甚至有时候和小伙伴玩游戏兴起，就会在网吧熬到晚上10点多。在网吧老板催着交网费的时候，才会恋恋不舍地离开座位。

父亲看到孩子经常这么晚回家，就给班主任打电话，老师说并没有留小刚补课，父亲自然起了疑心。再三追问下，小刚支支吾吾地给了一个解释。疑心升起的父亲做出了一个要"跟踪"儿子的决定。

下午5点钟，父亲在后面偷偷地跟着小刚，像是做侦探一样想要看看自己的孩子在放学后究竟去做什么。小刚在一家网吧门口停住了脚步。他四下张望了一下，便溜进了网吧。等父亲在网吧里面

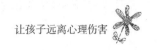

找到小刚的时候，他在电脑前打游戏正起劲。愤怒的父亲一巴掌狠狠地向小刚的脸上扇去。

父亲一把将小刚揪出来呵斥："不好好学习，原来你天天在这里上网！"小刚觉得自己这样被父亲训斥，在同学面前很丢面子。他一时气极，对着父亲吼道："我的事情，你少管！"说完他就拎起自己的书包跑出了网吧，等父亲追出去的时候，再也找不到小刚的身影。

当天晚上，小刚也没有回家。连续三天三夜，爸爸妈妈都没有看到小刚的影子。他们打电话询问了小刚所有的同学，他们都声称这几天并没有见过小刚。父亲满大街的网吧挨个找，最后在小刚失踪第三天的傍晚，在一家偏僻昏暗的网吧中发现了自己的儿子。而小刚正抱着一桶泡面，在虚拟游戏中激战正酣。

现代社会是信息化的社会，我们不可能完全杜绝孩子接触网络。网络为大家提供了丰富的信息和便捷的沟通渠道，但是青少年缺少辨别能力和自制力，有可能沉迷于网络的陷阱中。对于如何治疗青少年网瘾的问题，家庭疗法是十分重要的一环。

1. 网络成瘾与孩子的自制力不足以及不妥的教育方式有着直接关系。

不论是出于何种原因致使小刚开始接触网络，家长在发现之后，都应该加以合理的引导，而不是粗暴干涉。网络成瘾的学生有着其独特的人格特点，他们大多学习成绩不好，在人际交往上有着一定的困难，因此更加注重自己在好友面前的"面子"问题，而网络让孩子感受到了自己的"厉害"和价值感，从而迷恋上了网络中的自己，由于缺少自制力，更是深陷于网络不能自拔。

小刚父亲粗暴的做法无疑会让小刚更加逆反，不管家长如何爱孩子，都应该建立在尊重孩子的基础上。孩子已经偏离轨道，父母粗暴的打骂只能让孩子渐行渐远，错上加错。

2. 合理引导是最终原则，不能不给糖吃，也不能给太多糖吃。

如今，电脑已经成为很多家庭的必备品，那为何孩子们还要花费一小时数元的网费到外面的黑网吧去上网呢？因为平时学习压力本来就大，孩子本想回到家好好上网轻松一下，可是家长视网络为洪水猛兽，严厉禁止孩子上网，这样的钳制只会加重他们想要逃离的欲望。合理引导，是指在孩子完全自由的时间段里面，给其足够的上网自由。建立弹性的上网时间，平时和周末区别对待，可以处处体现父母对孩子的用心。

如果你和孩子能够在互联网这个平台上进行交流，称赞一下他的博文，或者给他的 QQ 空间留个言，不但可以让他们觉得你这个爸爸（妈妈）很时尚，还能完全放下心中的戒备。这样"与时俱进"的沟通，便于家长和孩子建立相互信任的平台，孩子的言行也好在掌握之中。

初三好学生，网络诱惑掉"深渊"

张军已经上初三了。但面对马上要进行的中考，他早已经失去了感觉。现在，他只想和同学在游戏里面一决高下。在他抓鼠标的右手边，放着刚刚考完试的成绩单，上面用鲜红的笔迹写着"32分"，可是这些丝毫没有影响他玩游戏的心情。张军的手机再一次响起，是妈妈打来的，他随手按下了关机键，继续着自己在虚拟世界的征战。

在此之前，张军的学习成绩在班级里面一直名列前茅。三年前，他是全区考试的第一名，以傲人的成绩进入到了这所重点中学。因为在学校寄宿，每周只能回一次家，在学校的时候，除了抓紧一切时间学习之外，张军几乎没有其他的娱乐活动。然而，一次成绩不怎么理想的期中考试之后，张军被同学带到了网吧去放松心情。没想到，一下午的时间就在他用鼠标点来点去的过程中溜走了。

被网络深深吸引的张军开始编出各种谎言来向妈妈要钱。妈妈担心儿子寄宿在学校条件不好，对儿子的要求总是有求必应。妈妈以为儿子真的是去购买一些工具书，从没想过学习成绩这么好的儿子也会沉溺在网络之中。

今天是学校放假的日子。按说张军本应该在下午六点以前到家的，可是现在已经过了晚上八点了，他还和同学在网吧里面与游戏高手"华山论剑"。成绩直线下降的张军不想回家，不想听见烦人的妈妈张口闭口问他有关成绩的问题。妈妈打电话过来肯定是问自己为什么还没到家，张军现在根本就不想听到妈妈的声音。同学正在等着自己加入到打怪的行列中，他急匆匆地关掉了手机，开始了无休止的征战。

张军的情况很典型。互联网确实可以给我们提供许多有用的信息，但互联网的开放性，更加重了各位家长的担心。谁也不敢保证自己的孩子在接触到互联网之后，会不会出现如同张军一样的情况。

从张军接触网络的原因来看，最初他只是想要找到一个可以释放压力的地方。但时间长了，自制力不足的孩子，就会一直采取这种方式去逃避现实的生活。有的家长说，可以给孩子的电脑装上网络防沉迷系统，但这终究是个治标不治本的策略。网瘾只是一个表象，背后隐藏的则是长期郁积的心理问题。

1. 心中有了不快，就要有地方宣泄。

产生网瘾的孩子，一般是因为在现实生活中不够快乐。我们应该告诉孩子，沉迷于网络虽然可以暂时得到些许的快感，却只会让现实问题越来越严重，最终导致自己离不开网络，形成一种恶性循环。其实，最简单的办法就是转移注意力。

网瘾以及由此产生的厌学等心理问题已经使青少年逐渐成为心理疾病高发人群。既然学校和家庭都在号召网络使用应该有度，需要科学合理地运用网络，那么我们就要给孩子创造出更多的休息、娱乐的方式，让孩子劳逸结合，而不是他们一回家，就把他们关到房间里面继续啃书本。

青春期是价值观形成的重要时期，家长应该引导他们逐渐开始接触社会。周末的时候，多带着孩子一起去参加一些社会活动，培养多方面的兴趣和爱好。对于已经沉溺于互联网的孩子，家长更要把他们带到真实的社会中来，让他们在现实社会中找到乐趣和价值感，而不是在虚拟的世界中耗费大量的时间和精力。

2. 家长也是在帮助孩子脱离网瘾的过程中重点的治疗对象。

一个以帮助青少年戒除网瘾的基地公布的数据显示，在接受调查的所有网瘾人群中，在这些孩子的童年时期，有76.3%的家庭父母感情不和谐；61.1%的家庭父母教养方式不一致（父亲以专制、忽视型教养较多，母亲以溺爱、控制型教养较多）；46%的孩子经历过重大生活事件；而在家庭关系方面，有94.5%的孩子与父母敌对。

网络成瘾是由多方面因素造成的，但起到决定作用的是家庭因素。控制型家庭、溺爱型家庭、忽视型家庭和暴力型家庭这四种家庭最容易产生沉溺网络的孩子。

一个孩子的早期家庭生活经历非常关键，会影响到他的一生。尤其是在青春期这样充满了叛逆的时刻，各种问题都会以不同的形式爆发出来，网瘾只是一种更为集中的表现形式而已。因此，想要根除孩子身上的网瘾，家长应该更多地从自己身上入手。父母双方通过努力，尽量给孩子创造出一个温馨和谐的家庭环境，才能够让我们的孩子健康地成长。

互动专区
HUDONGZHUANQU

1. 该不该给孩子买手机

家长：最近孩子总缠着我要买手机，问他要手机做什么，他说班级里有些同学都已经用上了手机，写作业、查资料、看老师在群里的留言比较方便，听孩子这么一说，我也感觉给孩子买个手机很有必要。自己和老婆平时工作都特别忙，每天都没时间辅导孩子写作业，买个手机，孩子遇到不会的题查资料也是很方便的。但是我把自己的想法和妻子一说，没想到却遭到了她的强烈反对。妻子觉得孩子才五年级，年龄小，手机上功能又多，容易沉迷手机玩物丧志。这个手机到底买不买？到现在我们也没有商量好！

要不要给孩子买手机？这不仅是一个家长的矛盾问题，也是大多数家长的矛盾问题。因为家长对手机真是又爱又恨。爱的是，配了手机给孩子，孩子可以方便学习，家长也可以随时掌握孩子行踪，督促孩子规范活动区域，方便寻找贪玩的孩子；恨的是孩子上课的时候会偷玩手机，影响学习，或者滋长了爱虚荣、爱攀比的心态。到底该不该给孩子配手机呢？

我们来看一组调查数据。

关于"小学生该不该使用手机"的调查数据显示，46.7%的受访者认为小学生不该使用手机；27.2%的受访者认为小学生应该使用手机；26.1%的受访者则表示不好说。调查结果说明，不同意给孩子买手机的占了大多数。

然而事实却是在6岁至12岁儿童中，44.5%的人拥有自己的手机，67.7%的人接触过平板电脑，可能在表示不好说的受访者中，很多人都给孩子买了手机。

大部分老师则认为，学生带手机进学校不仅影响学习，也不利于学校管理，例如会出现一些学生上课玩手机游戏、上网等问题。特别是，现在的手机都有拍照功能，如果有学生拍摄宿舍冲凉等方面的个人隐私，势必会造成不好的影响，所以，学生带手机上学的行为应该被禁止。

有反对给孩子买手机的家长认为：智能手机功能齐全，会使得孩子的兴趣转移，沉迷于游戏和电子小说中，更容易因为注意力不集中、睡眠紊乱等导致性格孤僻，影响孩子的学习和性格养成。虽然手机可以上网查找学习资料，在线与老师进行学习沟通，对学习有一定帮助，但实际上，大多数学生并没有那么自觉，有些上课偷偷用手机，有些甚至用智能手机抄作业，可见手机对孩子学习上的帮助极其有限。北京市某中学在学生中做过的一个调查显示：学生发送和接收的手机短信中，70% 是与正常学习和生活无关的信息，10% 以上是黄色短信，部分学生还把相互转发"黄段子"当作时尚。

但是也有支持孩子买手机的家长。因为有官方报告显示，互联网络日益成为中小学生解决学习和生活中难题的主要途径之一。其中，79.9% 的中小学生每天上网查找资料，46.8% 每天上网浏览新闻。并有 31.6% 的中小学生认为，在上网知识方面自己懂得的比爸爸妈妈还要多，而且随着年龄增长，这个趋势更为明显。

综合以上的数据和各方的论点，最好的做法是：能不买就尽量不买，如果要买，就买那种功能简单的手机或电话手表。

当然，每个家庭还有各自的情况，在只能给孩子配智能手机的情况下，最好能和孩子做好"前提约定"，也就是使用智能手机的原则。有个家长就和孩子做了这样的约定：

（1）我在任何时候都有权知道这部手机的密码。

（2）在上学的时候，每晚 7 点半要及时将手机交给妈妈或者爸爸，在周末的时候可以在晚上 9 点交。晚上我们会将手机关机，在第二天早上 7 点半开机。

（3）在给你的同学打电话时一定要尊重别人家的生活方式，考虑对方的时间和空间是否方便。

（4）不允许使用手机来撒谎或者欺骗别人。不准用手机说一些伤害别人的话。

（5）不能发送或者接收带有你或者他人身体隐私部位的图片，更不能以此为乐。有些事情一旦发生了就很难去挽救，尤其是那种

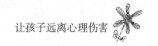

能败坏他人名声的事情。

（6）如果因为这部手机而将自己的学习或者生活搞得一团糟的话，我会将这部手机收回。

（7）如果手机响了就接听，接听电话时要注意礼貌。如果来电显示是妈妈或者爸爸，你更要接电话。不可以忽略妈妈和爸爸打来的电话，绝对不允许有这种情况发生。

手机有利有弊，这毋庸置疑。而要不要给孩子买手机，还得看自家孩子的具体情况。在给孩子买手机之前，先和孩子约定一个使用手机的计划，如果计划失败，那么孩子也要为自己所打破的承诺负责。

2. 孩子打游戏上瘾了怎么办？

家长：我儿子这个学期有些打游戏上瘾的倾向。尤其在周末，他可以大半天的时间都在电脑前度过，让他休息一下眼睛，他都跟没听见一样。他爸爸有一次叫他吃饭，喊了半天没动静，气得他过去打了儿子一耳光。孩子网瘾没戒掉，倒是再也不和爸爸说话了。我也知道打骂孩子是不对的，但是还有什么办法呢？

有时候孩子上网成瘾真的令家长很抓狂，孩子沉浸在网络世界，已经到了废寝忘食的地步。有时候，孩子还真的不是故意不搭理父母，而是他专注在虚拟世界，真的没有听到周围的声音。

孩子一旦沉迷于网络游戏，很容易出现焦虑、抑郁和社交恐惧等问题，学习也会下滑，因为闪烁的灯光、变换的声音和不同的图像不断刺激大脑，会使孩子在课堂上很难集中精力吸收老师相对乏味的知识讲解。所以，沉迷网络对孩子是非常有害的。

是什么原因让孩子爱玩网络游戏呢？

首先，是寻求休闲方式和宣泄压力。青春期的孩子，尤其是初高中阶段，孩子的学习压力增大，考试的次数也增多了，网络游戏变成了他们理想的解压工具。

另外，网络游戏能带给他们不同程度的刺激和满足。在游戏中，孩子能扮演大英雄，侠义豪情，仗剑江湖，还可以在战略中运筹帷幄，横扫千军……除此之外，还能在游戏中互动，结交各路朋友……这些都带给孩子极大的满足，尤其是在现实生活中缺乏成就感的孩子。

最后，游戏的设置也是引诱孩子成瘾的关键。"闯了一关，还想闯一关"，人的思维本就具有连贯性，玩到半路，总觉得有些遗憾，而游戏的设计者都是深谙人性的高手。所以，这会令很多孩子欲罢不能。

让孩子摆脱网瘾，强硬禁止肯定是不合适的。家长可以在讲明白网络游戏的危害后，和孩子共同做一个使用网络的约定：

（1）约定上网的时间。孩子的空闲时间一般在放学后和周末，那么在学业完成的前提下，给孩子一定的上网时间也是可以的。法国著名心理学家马克·瓦勒尔认为，每天两个小时是孩子玩电子游戏的时间上限，家长可以根据这个参考数据来调配孩子的上网时间。

（2）约定上网的形式。如果孩子不能自律，那么就必须当着父母的面在家上网；如果孩子能控制自己，可以在任何空闲的时间上网。

孩子最初离开网络游戏时，内心肯定会有些煎熬的，这时候，需要父母想办法转移孩子的注意力，最好用孩子感兴趣的活动，如篮球、游泳等来作为过渡。为了孩子，家长在这个时间段要多用心和时间。

3. 家长在教育方式上要注意哪些？

家长：如果说孩子形成网瘾有一部分原因是家庭引起的话，那么我们在教育上应该注意什么呢？

戒除网瘾，是个异常艰难的过程。因此，在孩子最艰难的时候，我们更应该陪在他们身边给他们加油打气。这个过程中，家长要注意自己不要成为以下两种类型的家长：

（1）控制型家长——这种类型的家长往往会严格地要求孩子什么该做什么不该做，没有丝毫的缓和余地。长此下去，孩子的心就会被我们的管教束缚住。尝试着多发现孩子身上的优点和进步，及时加以鼓励和奖励，可以增强孩子戒除网瘾的信心和驱动力。

（2）完美型家长——此类家长总是用完美的标准来严格要求孩子，如此只会让孩子产生严重的挫败感。家长学着稍微降低一点自己的标准，不要总觉得自己的孩子比别人家的孩子差，应该改变的是家长自己。

最好的做法既不是强求也不是撒手不管，而是根据自家孩子的特点进行正确的引导，从而让孩子回到正当的学习和生活的轨道上。

4. 了解孩子的上网习惯很重要

家长：都说孩子有网瘾是环境造成的，想要戒除网瘾也应该从环境着手。究竟应该怎么做才能营造戒除网瘾的环境呢？

这还是要从家长对网络的态度做起。网络已经成为现代社会不可或缺的工具之一，所以我们也不能抱残守缺地勒令孩子一点都不能接触网络。其实，网络是一把双刃剑，在给我们的生活、学习和工作带来便利的同时，也有着许多危害。关键的一点是看孩子与什么样的人接触。物以类聚，了解孩子平时的上网习惯。他是因为上网打游戏想获取自我的肯定，还是因为网恋而放不下手里的鼠标？抑或是热衷于在社交平台上展示自己的文采或多样才艺？要对症下药才行，不要一味地把所有的责任都推给互联网，这是家长本身不负责任的做法。在上网的过程中给予孩子正确的指引，如推荐一些正向的网站、视频，或者具有益智作用的游戏等，才能让孩子充分享受网络带来的便利和乐趣。

5. 摆脱过度依赖需要循序渐进

家长：我们家孩子已经习惯于通过手机上的 APP 或自媒体方式学习或娱乐，一下子让孩子停下来肯定无法接受，应怎样干预更为有效呢？

坦率地讲，孩子对手机上瘾，应该反思的是家长。我们肯定要么自己也沉浸其中让孩子有了效仿，要么就是缺乏高质量的陪伴。不管怎样，无端地直接进行干预，对于一个已经习惯网络方式娱乐的孩子效果不会太好。但是家长可以留意孩子所关注的主要内容方向，比如歌唱类型，可以与孩子一起通过"听"的方式，关注一些质量较高的音频节目。像是在喜马拉雅 FM 里跟着歌星学唱歌，只要留心孩子感兴趣的相关内容，都可以把对屏幕、色彩的依赖逐步弱化为听觉，以此类推，慢慢把孩子的注意力转移到现实生活中来。

10

"不服就打！"

——直面青春期暴力

据美国教育部公布的校园暴力事件统计：全美 1200 所公立学校中，10% 的学校在一年之内发生过严重的暴力事件，包括强奸和持械袭击伤人事件。在我国校园暴力现象也时常发生，很多触目惊心的消息也不时见诸报端。

近几年，校园欺凌暴力案件开始被社会所重视。例如：邯郸 26 中学女学生吴华被同校七八个女生多次暴打、折磨，被送进医院；广东开平的一位初二女生因为得罪了校园里"拜把子"的七姐妹，被掳到一家宾馆。七姐妹找来四个未成年少男轮奸了这个女生，对她肆意殴打、凌辱，并将施虐过程录像，上传到网络取乐。

这些看似在限制级电影中才会发生的事情，却真实地发生在一些只有十几岁的孩子的身上，这一切是那么的触目惊心！

面对如此暴力的行为，教育部等 11 个部门在 2017 年 12 月印发了《加强中小学生欺凌综合治理方案》，足以看出校园欺凌和校园暴力带来的影响以及国家的重视程度。

是什么让花季的孩子变成了魔鬼？相信下面两个案例会让我们有所思考。

青春期个案
QINGCHUNQIGEAN

13 岁少年为何残忍杀害自己的母亲

2019 年 3 月 16 日，江苏省盐城市的一个 13 岁男孩邵某，与 37 岁的母亲发生激烈冲突。事情发生的那天，男孩母亲觉得他一天到晚都在和小狗玩，不认真学习，成绩下降，一气之下，说要把小狗打死，她儿子就对妈妈说："你打死小狗我就打死你。"没想到他妈妈真的当着男孩的面把他心爱的狗摔死了。

当天晚上，孩子妈妈睡觉时被儿子用铁锤在头上砸了一个洞，之后孩子就关上门出去玩了。直到两天后老师奇怪孩子没来上学，打电话也打不通，只好家访，走到他家门口发现血迹，才发现了这起杀人案。

据邻居称，男孩邵某在读初中，成绩一般，孩子父亲常年在外打工，较少回家；母亲很瘦小，只有八九十斤的样子，在一家商城租店铺自己做服装生意。其家境不太好，经常因为钱与母亲吵架。

同样骇人听闻的案件，在邵某事发的几个月前，也发生过。2018 年 12 月，湖南沅江 12 岁的少年吴某，在家吸烟被母亲发现。震怒之下的母亲用皮带抽打了儿子，吴某心生怨恨，当即进厨房拿了一把刀，将母亲砍死。杀死母亲后，吴某换掉自己沾满血迹的衣服，若无其事地接听旁人打给母亲的电话，还用母亲的手机编造虚假短信向班主任请假。当有记者问他："你把你妈妈杀了，你认为错了

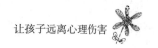

没有？"他没有恐惧，没有忏悔："我又没杀别人，我杀的是我妈。"

沅江12岁少年弑母案，发生在沅江市泗湖山镇上的一栋新楼上，常年外出打工的母亲，生完二胎后和分离近10年的儿子同住，因不让孩子玩手机，母子二人关系僵硬。事发当天，因为玩手机和吸烟的问题发生矛盾，少年杀死了母亲。

这些案件的背后，到底反映了什么样的家庭教育问题呢？

1. 母亲管教孩子过于严厉。

深究起来，这些骇人听闻的少年弑母案，起因基本都是孩子怨恨母亲管教太严。在鬼门关前走一遭才生下他们的母亲，管他们不学无术玩手机，管他们抽烟打游戏，管他们滥用零花钱不懂得珍惜……管到被孩子嫌弃怨恨，最后送命。当大人用严厉的方式管教孩子，不讲究方法，不考虑孩子的感受，那么粗暴在前，孩子的反抗就必定在后。

2. 不尊重孩子的独立人格。

很多家长一味追求孩子的学习成绩，不允许自己的孩子有任何的兴趣爱好。孩子养宠物本身是一件很正常的事情，本该有利于培养孩子的爱心和耐心，可是母亲无视孩子的情感需要，竟然当面把孩子心爱的小狗摔死，本身就给孩子树立了冷酷无情的榜样。

很多父母，尤其是妈妈的头脑里都存在这样一个误会，认为孩子既然是妈妈身上掉下来的一块肉，那理应就是自己的一部分，不应该有避讳妈妈的想法。这种想法将孩子视为自己的私有财产，而不是一个活生生的人，孩子当然感受不到作为一个独立的"人"应该得到的尊重。人权中最主要的就是人格的独立权，父母虽然给予孩子生命，但是没有任何资格去剥夺孩子的独立权。试想，一个没有自由、没有自尊、没有个人追求的生命，就是没有任何意义的生命，没有意义的生命会认为别的生命有意义吗？

3. 父亲长期缺席，家庭缺少温情。

父亲常年在外，甚少回家，母亲在家全职或者边工作边带孩子是很多中国家庭的现状。霍华德大学的斯蒂芬·巴斯克维尔教授说：
"基本上每个重大社会问题，都与父亲缺失有关。暴力犯罪、吸毒、
酗酒、少女怀孕、自杀等，都与父亲缺失有最直接的关联。"

当人们都在怒批孩子冷血、没人性、魔鬼、毒瘤、应该赶紧去
死时，可曾想过，真正的刽子手，是那位自动缺席的父亲。

2008 年父亲节的时候，时任美国总统奥巴马在演讲时说了一组
数据：生活中没有父亲的孩子，将来落入贫困或犯罪的可能性比一
般孩子高出 5 倍；他们将来弃学的可能性高出 9 倍；将来被关进监
狱的可能性高出 20 倍；他们更有可能出现行为问题，更有可能离
家出走，更有可能在未成年时当上父母。

南非作家卡西·卡斯滕斯在《世界需要父亲》一书中说："63%
的自杀者来自父亲缺失的家庭；80% 的报复性强奸犯来自没有父亲
的家庭；来自父亲缺失家庭的孩子，产生情绪和行为问题的概率是
健康家庭孩子的两倍；由于父亲缺失，男孩们被迫加入帮派，女孩
们提早性成熟，追求性刺激、同性恋。诸多问题浮现，这只是冰山
一角。世界面临的最大危机是家庭危机，而父亲的缺失是问题的中
心。"

父爱的缺失，成了孩子的诅咒。养出来的不只是学渣，还是人渣。

高一学生举刀弑师只为"让教育界可以改变"

"我已经对生活失去了信心，我活着像一个死人，世界是黑暗
的，我只是一个毫不起眼的'细胞'。"在日记中，小明发泄着对
初中时教他的两位老师的不满，声称"做鬼"也要杀他们。"不光
是老师，父母也不尊重我，同学也是，他们歧视我……我也不会去
尊重他们，我的心灵渐渐扭曲。我采用了这种最极端的方法，我不
会后悔。从我这个想法一出，我就知道我选择了一条不归路，一条
通向死亡的道路，我希望我用这种方式可以唤醒人们认识社会，认

识国家，认识到老师的混蛋，改变对学生的态度，让教育界可以改变。"

这是一个16岁男孩小明的日记，在写完这篇日记的半个月后，他就付诸了行动，将一个与他无冤无仇、年仅23岁的年轻教师刺死在班级的课堂上！

事情发生在2008年10月4日，这一天是小明国庆假期后复课的日期，按照学校规定，在上晚自习的时候，小明的班主任郝旭东——这位参加工作仅一个月的年轻教师早早就来到了教室里，没想到，等待他的却是一场灭顶之灾。

郝旭东在晚自习课上，发现小明在座位上悠闲地吸烟。对这名学生，郝旭东很是无奈，不好管也得管。他轻轻地走到小明面前，从他的手中拿走了烟蒂，把烟盒交给班长保管。然后继续走动着巡视，丝毫没有意识到危险正向他逼近。

当郝旭东再次走到了小明的座位旁，小明突然站了起来，手中拿着一把弹簧刀，猛地刺向郝旭东的腹部。郝旭东忍着剧痛，捂着流血的肚子向讲台方向退去，但小明并没有就此罢手，他追上前去，一把搂住正向前门挣扎的老师的脖子，再次向老师刺去，直到郝旭东倒在血泊中，再也没有醒来。

原来，小明于10月1日就在朔州综合商场花65元买了3把刀，并于10月4日开学时带入了学校。据小明的同学事后回忆，从入学起，小明就说过想用刀砍老师的话，而且在10月4日晚上上自习前和同班要好的同学说，不管当天晚上发生什么，他们都别动。还说，当天哪个老师来了他就捅哪个。大家都以为他是在开玩笑，也没有向老师反映。

这个自称是"倒数第一、差生、坏学生，一块臭肉坏了一锅汤"，认为"我的人生毁在了老师手上"的小明，最终选择了"杀老师"这样的极端举动，亲手把自己的人生埋葬在万劫不复的深渊。

就在郝旭东被学生杀害的同年同月，教师被学生杀害案全国就发生了三起，另外两起为：10月21日，浙江丽水市缙云县盘溪中学31岁女教师潘伟仙被她的学生杀害；10月28日，中国政法大学法学教授程春明在课堂上被学生砍死。

近年来学生杀师案屡见不鲜，相比之下，那些当堂侮辱老师，而老师本人或者学校都无动于衷以及给学生下跪求学生好好学习的新闻似乎都没那么震撼了。

中国的尊师重教是出名的，而现在的师生关系为什么到了如此地步？教育上出了什么问题呢？作为家长来说，你是否也意识到了这个问题？

有些家长认为自己的孩子之所以成为"问题孩子"与老师和学校的培育有很大的关系，老师应该负有重大的责任，殊不知，教师们也有一肚子的苦水，难道上课却还要为自己的人身安全担心？！

现在教师的双肩承担的责任和压力是巨大的，他们既是社会道德的示范者、文化知识的传播者，又要面对家长、社会、学校的各种要求与责难。这些教师被学生杀害的案子，折射出很多社会教育现象，家长也该清醒地意识到自己孩子所处的大环境，以便理解自己的孩子、理解老师和学校，改变可以改变的，接受不能改变的现实。

1. 分数依然是评判学生的重要标准。

虽然"素质教育"已经让很多人的教育意识发生了改变，但是由于高考的指挥棒没有变，因此，学生的考试成绩依然是衡量学生"优""良""差"的重要标准。而"差生、坏学生，一块臭肉坏了一锅汤"的小明，显然是应试教育的受害者，他无法从分数上得到成就感，得不到老师、同学和家长的尊重，压抑的时间长了，心灵已经扭曲，因此才做出如此极端的事情。

2. 学生的学习压力过重。

郝老师的死期——10月4日，这正是"十一"国庆长假，本应放假的老师和学生却已经早早复课了。难道高中的学生和老师就不

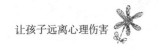

需要假期？但是，迫于高考的压力，哪所高中敢懈怠？他们唯有在升学考试中，有更好的升学率和更高的分数，才能赢得社会和有关教育部门的广泛关注。对于孩子来说，"高考"如同一次"顶级大挑战"，他们也同时被"高考"推向了"风口浪尖"，面临着前所未有的考验、挑战和来自各方面的压力，于是，学校领导压老师，老师、家长压学生，而重压之下必有"莽夫"，郝老师最终成为了牺牲品。

3. 教师处于两难的尴尬位置。

学校每年都要举行各种评比，这种评比结果与教师的晋级、评优评先挂钩。这就迫使教师不得不想尽法子来提升学生的成绩，严格管理学生。但是现在的孩子基本上都是独生子女，青春期又是彰显个性的时候，对于一些有责任感的教师来说，想要严格管理又谈何容易！自古以来就有"玉不琢不成器，树不修不成材"之说，而在教师琢与修的过程中能不对玉和树造成短期的"伤痛"吗？而这种伤痛，家长是否能理解？学生本人能否会理解？

互动专区
HUDONGZHUANQU

1. 孩子怎么这么好斗！

家长：每个孩子小时候都是很可爱的，我真想不通，短短十几年怎么能变成一个这么好斗的人？这中间到底发生了什么使他们变成了这个样子呢？

这些使用暴力解决问题的孩子共同的特征是都不快乐。他无法跟自己和解，或难以符合成人的要求，难以适应身边的主流环境。

经常选择暴力行为的孩子大多有这样的心理特征：他们承担着很大的同辈压力；自尊心很强，对于被尊重、被注意有较强烈的渴望；他们很少被鼓励，所以缺乏自信，常常怀疑自我的价值；童年中常有被忽视，甚至被暴力对待的经历；经常生活在把暴力视为理所当然的环境中；没机会学习尊重生命，难以将心比心，对遭受痛苦的人和动物缺乏同情心，甚至引以为乐。

也可以这样来描述这些孩子，他们通常不太会控制情绪、处理负面感受，他们有受伤害的经历，那些愤怒和痛苦还在心里发酵。有时他们想用让别人害怕的方式来赢得胜利感和尊敬，结果却事与愿违，别人反而更疏远他，让他变得更孤立，因而形成恶性循环。这种循环无休止地发展下去，最后的结局就是犯罪。

2. 我的孩子特别爱打架，可我管不了他

家长：我的孩子从四五年级开始就爱和同学打架，我很担心他，却又管不了。该怎么办呢？

爱使用暴力的性格是后天形成的，而不是天生的。孩子有暴力倾向或许和家长有直接的关系。首先不应该给孩子创造一个使用暴力解决问题的家庭氛围。如果父母总是争吵和使用拳头来解决问题，孩子难免会学习和效仿。

其次要坚持一点：不要对自己的孩子使用暴力！早在孩子童年阶段，当孩子对他人使用暴力时，家长不应该使用像打屁股这样的体罚方式。家长应首先对受伤害的孩子密切关注和亲切照顾，对攻击者淡漠处理。然后，应当使攻击者清楚地意识到受害者是怎样感受暴力的："这样做真的伤害了别人。如果有人这样对你，你也不会高兴的。"这是开始努力教给孩子具有同情心——能设身处地为他人着想的能力。

如果这些为时已晚，则首先要保证自己的身心健康，建立好夫妻关系，注意自身的示范性作用，给孩子一个稳定安全的港湾。即便是孩子受了外界的影响，父母的及时觉察，结合学校和社会的资

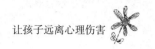

源，也会慢慢将孩子引导到正确的轨道上来。

3. 如何引导孩子不使用暴力解决问题

家长：有一次我听孩子跟他的几个朋友说："不给他点颜色瞧瞧就不知道谁是老大！"然后我听到有个男孩附和说："那小子就是欠揍！"看来这几个孩子要闹事。我怎么劝他们不用这种暴力的方式解决问题呢？

青少年是容易冲动的，当他的言语中透露出希望使用暴力解决问题的苗头时，你可以静下心来和孩子一起讨论他所不满的是什么人，因为什么事情。可以演示一下一个人不用暴力可以怎样对付各种问题，甚至是公然的挑衅。例如讨论攻击者的动机："你认为他为什么挑衅？打架后感觉会好点吗？你认为打架很酷吗？"可以启发孩子试着跟挑衅者说："我知道你想打架，但这不值得打。如果你愿意谈谈你有什么感受和不满，我们可以坐下来聊聊。但如果你想打架，恕不奉陪。你要是继续打扰我，我就让老师或者你的家长来解决问题。"对待轻微的挑衅不是去应战，而应自己先考虑："这个人为什么这样？他很不安吗？我怎样能使他平静下来？"

你和孩子完全可以公开平等地讨论出现暴力行为的前中后时期的解决方案。你也可以就身边已经发生的事例，和孩子进行深入的分析。了解了孩子的想法后，再适当地引导，扩展孩子的思路，启发他可以使用除了暴力之外的多种解决问题的方式和方法。当然，在和孩子谈话之前，你应该充分做好准备。目标就是教孩子对于模棱两可的、易变的情况作出镇定的、合理的反应。

4. 如何让孩子不成为校园暴力的受害者

家长：听孩子说，他们班级就有几个霸王，看谁不顺眼就打谁。我家孩子比较老实，不会主动去招惹麻烦，但是我担心他万一被人欺负怎么办？怎样才能不让我的孩子成为校园暴力的受害者？

作为家长，平时要教会孩子保护自己的方法，让孩子注意以下几个方面：

（1）在学校的时候，要和老师、同学在一起，尽量不要独处。经过楼梯间等僻静的地方要提高警惕。有人挑衅时，不要理睬，也不要表现出害怕。

（2）不要带太多现金。很多校园暴力的产生都和勒索钱财有关系，最好让您的孩子不要带贵重物品，每天身上带的现金也不要太多，否则很容易成为"坏孩子"欺负的对象。

（3）尽量不要发生正面冲突。如遭同学暴力威胁，最好不要发生正面冲突，逃开为妙，并及时告诉老师和家长，及早解决问题。

（4）放学不走偏僻小道。即便绕点远，也要和同学一起走大路。

除了让孩子留意以上几个方面，家长在平时也要注意观察孩子是否有以下情况：孩子的衣服、书籍以及其他个人物品被弄坏、撕裂或丢失了又说不清原因；孩子身上有伤痕而又解释不清楚；孩子以种种借口表示不愿意去上学或选择不合逻辑的较远的路线上学，甚至请求家长送他们上学；孩子向家长要过多的钱……以上表现都有可能是孩子在学校受到了欺负的征兆。当然，这些迹象需要家长对孩子有一定的关注才能察觉，家长对孩子多一些关注，孩子也能少一些被侵害的可能。

5. 我怀疑孩子被人欺负了

家长：我最近看到孩子眼眶有点青了，我问他怎么回事，他说是自己不小心摔的，看他的表情，感觉他在说谎。也许是被别的孩子打的，但是孩子不说，我也不好追问，非去伤害他的自尊心。但是，我真的有点担心。

一旦家长发现孩子有"受欺负"的迹象，应积极与学校或警方联系，对施暴者予以制裁，免得他们伤害更多的同学，维护孩子的身心健康。要让孩子相信，学校和老师一定会保护他的，不能忍气吞声。如果告诉孩子"别惹他""躲着他"则是消极的应对方式，因为逃避、退缩恰恰强化了施暴者的欺凌行为，这样会使施暴者更加有恃无恐，变本加厉对受害者进行侵害。教育孩子对待校园暴力应有的态度是：无事不惹事，有事不怕事，要学会在校方和家人的帮助下，积极维护自己的身心健康，一定要争取自己的合法权益。

平时还要教育孩子在遭受暴力侵害时一定要机智勇敢，如果力量悬殊，一定要学会保护自己不受侵害，要学会舍财不舍命，不要和他们硬来逞英雄，一定要注重保护自己的身体不受伤害。

如果你的孩子在学校受到了欺负，家长还要扪心自问自己的家庭环境对孩子的影响。如果孩子小时候曾受到家庭成员的不良对待，如遭受虐待、忽视、冷落等，或者家庭环境差、成员关系不和，都会使儿童日后成为群体欺凌、攻击的对象。从这个角度说，应该调整自己的家庭环境。

一般来说，性格内向害羞，不善表达、不合群的孩子容易成为受欺凌的对象；还有性格和行为上有异于他人，奇装异服追求时尚的孩子也容易受到施暴者的挑衅；缺乏与同学相处的社交技巧，乱说话逞能的孩子也容易得罪行为不良的孩子，让他们有意找事。如果你的孩子有上面的特征，注意帮助孩子调适。

"压力山大啊！"

——如何改善考试焦虑

我曾给一些学校的小学高年级以及初中的孩子们做过心理健康测试，其中包括学习焦虑、孤独、敏感、冲动等很多因子，在做完评分后，我发现"学习焦虑"是普遍存在于学生中，尤其是初中生群体中的超标因子。

在学校调研中，我也会发现学习焦虑感很高的孩子。一天早上，我在学校的走廊发现一个孩子捂着肚子，面色很痛苦的样子，问他怎么回事，他说是肚子疼。不一会儿，班主任走过来，看了这个孩子，笑着摇摇头说："总是这个样子！一考试就肚子疼！"原来，这个孩子每次考试都这样，因为身体问题，已经几次月考都没有参加了，后来老师发现了规律，便不再姑息，甚至怀疑他是不是装的。

由于考试而产生一定的生理反应，这是考试焦虑的表现，有的孩子真的会出现尿频、腹泻等症状，还真的不是装的。考试焦虑是学生学习焦虑的最典型的表现。

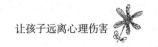

考试焦虑，是指因考试压力过大而引发的一系列异常生理心理现象，包括考前焦虑、临场焦虑（晕考）及考后焦虑紧张。心理学认为，心理紧张水平与活动效果的关系呈一条"倒 U 形曲线"。这也就是说，焦虑水平过低（孩子对考试满不在乎）、动机过弱（考好考不好无所谓）无法激起学习的积极性；保持适度的心理紧张，可以在面对考试时产生激励作用，从而让我们获得较好的成绩；而过强的动机表现为高度焦虑和紧张，反而引起学习效率的降低，影响考试成绩。这就是我们常说的过犹不及。很多孩子考试焦虑的原因都是动机过强。

实际上，患有考试焦虑症的人有很多。2006 年美国教育部研究人员的调查研究表明，61% 的学生有不同程度的考试焦虑，其中26% 为严重考试焦虑。

青春期个案
QINGCHUNQIGEAN

奇怪的腹泻

"哎呀，我又要拉肚子了！"高考前的第三轮模拟考试还有 5分钟就要开始了，林向却突然满头大汗地跑向了卫生间。他这种情况已经不是第一次了，从高三的一次奥林匹克竞赛前出现了腹泻的症状后，每次考试前，他都忍不住往厕所跑，考试成绩也因此受到了很大的影响。

林向学习十分努力，记忆力较强，一直深受老师的喜爱，每逢市里的一些奥林匹克学科竞赛，老师都喜欢选他去参加，这使他比其他同学的学习负担更重了许多。林向本身对此类竞赛性质的考试十分反感，却又不敢对老师说明，害怕辜负老师对他的厚爱，这也给他带来了很大的压力和困扰。

高三的那次奥林匹克竞赛前夜，他正在宿舍温习。却恰逢其他宿舍的几个人在隔壁放音乐、唱歌，吵得他无法看书。林向又气又急，心里十分烦躁，并充满了怨恨：一是恨老师总让他参加各种考试，只寄望他能为学校增光，但却不理会他因此疲惫不堪；二是恨隔壁的人不遵守宿舍的秩序，无视他人，太过吵闹，扰乱了自己的复习。在这种怨恨焦虑的情绪下，他一晚没睡着。第二天林向拖着疲惫的身躯来到考场，战战兢兢地拿到了考卷，看着卷上的考题，他的脑子里顿时一片空白：完了，什么都不会了……他心慌意乱地匆匆答完交卷，至于成绩如何，可想而知。从此以后，林向考试前，总是会感到焦虑、心慌，有时还会头痛和腹泻，这种情况一直延续到临近高考。

林向的父母为林向的情况焦急万分，四处求医却发现身体没有什么问题。林向在父母陪同看病期间，耳边还听父母说着：邻居的孩子考上了某某名牌大学；某某的儿子金榜题名了，家人在全市最豪华的大酒店请客……林向一听到这些，就感觉要崩溃了，但是他心里还在想：我不能放弃，我不能对不起我的爸妈；但心里的另一个声音也在同时告诉他：你不行了，越来越糟糕了……

反复检查并没有查出林向的身体有什么器质性病变，可以初步推断，林向拉肚子的根源不是身体出了问题，而是精神的因素导致的自主神经功能紊乱，进而患上的一种名为"肠应激综合征"的胃肠道功能疾病。这种疾病发病的诱因主要是焦虑、惊恐等令大脑处于高度紧张状态的情绪。而林向的腹泻准时出现在每次考试之前，考完试就不治自愈，充分证明了导致林向反复腹泻的应激源正是"考试"——确切地说，是考试焦虑。

在林向的这个案例中，我们可以明显地看到导致林向产生考试焦虑的客观因素主要是老师对他的偏爱和父母对他的期望两方面；而导致他焦虑的主观因素是错误的自我认知。

在林向第一次考前失眠之前，他并不害怕考试。尽管会有焦虑情绪，但都还在合理的心理紧张范围内。而那一次考试的失利，叠加考前的种种怨恨情绪使他对考试产生了畏惧心理。这种恐惧使林向不断给自己施加"我不行""我不会"等自我否定性质的负面心理暗示。这种负面的心理暗示使得林向的考前焦虑进一步加重，陷入焦虑状态的恶性循环。

这种自我施加的负面心理暗示可以通过"自信训练"来加以矫正。"自信训练"主要是通过自我表达正常情感和自信，来扭转那些消极的自我意识，并借此削弱或消除考试焦虑的一种方法。当孩子在考前出现焦虑状态时，令其自我冷静下来仔细分析自己焦虑的原因，并逐条罗列在纸上，然后协助孩子理性思考这些原因是否都会在考试中出现，是否都会对考试结果造成影响，这样做的好处是能让孩子较为客观地认知自我，避免对自我要求过高，或片面化绝对化地认为考试失败是自己能力不足的证据。

"种子选手"为何一落千丈

丁黎原本是班级里备考重点高中的"种子选手"，但是在最近的模拟考试中，她的成绩却一跌再跌，成绩排名竟然跌出了学校升学率的水平线外。这样大幅度的成绩滑落，让丁黎的家长十分着急，却不知道问题究竟是出在哪里。

按说丁黎除了学习，其他方面都是不用操心的。父母对丁黎的生活起居照顾得非常周到，就连内裤也不让她亲自洗，而他们期望的就是丁黎能考上重点高中。进入初三后，父母对丁黎更加关心，父亲原来喜欢在家里跟朋友下象棋，现在也取消了，母亲也不出去打麻将了，说话都尽量轻声细语的，怕影响她休息或干扰她的学习。

在初三第一学期的前两次月考中，丁黎都考了班里第一名的好成绩。但在期末考试前，母亲突然因为工作需要被外派出差。在如此重要的时候，母亲的缺席让丁黎顿时感觉很不适应。老师说，这一次期末考试的成绩会全县排名，根据历年经验，这次成绩和中考成绩很吻合，要求同学们努力发挥考出好成绩，以增强面对中考时的自信心。

但是不知怎么考的，这一次丁黎排在班里的第13名。老师说过的话时常在她大脑中盘旋，"这次成绩和中考成绩很吻合"，那她考重点高中的希望不就破灭了吗？爸妈肯定伤心死了！怀着复杂的心情，丁黎迎来了初三下半学期的第一次模拟考试，可这次成绩一出来，她就蒙了：考了第20名！丁黎绝望了，脑子里都是"成绩这么快滑落下去，连重点高中都考不上，更别指望以后考什么重点大学"之类的想法。并且不只白天想，晚上也想，搞得每天睡不着觉，吃不下饭。

而更让丁黎痛苦的是班级里的几个"超人"。比如，有几位学习并不如她刻苦，平时总是嘻嘻哈哈，甚至上课时间睡觉的同学，这几次考试成绩却都超过了她，而且不是超过一点半点；同桌李欣的成绩不如丁黎，但是老师上课随机提出的问题，李欣经常脱口就答出正确答案，而丁黎有时候觉得自己连问题都还没听明白……这些都让丁黎感到气愤和妒忌，同学究竟是怎么做到的呢？我要多努力才能这样出色呢？而这种情绪让丁黎更加自卑，成绩更加控制不住地不断下滑……

丁黎这样一个成绩优秀的学生为什么变得对考试如此焦虑？首先是因为现在的教育体制把分数与学生的能力直接等同，迫使学生、家长、老师、校方都在追逐高分，刻意渲染分数竞争的激烈程度，却相对忽略学生的心理健康。

1. 避免对孩子过分关注。

丁黎的父母为了给她营造一个良好的学习环境，甚至舍弃自己的惯常生活和娱乐。这种生活上无微不至的关注，家长自认为是"一切为了孩子"的良苦用心。但是对于丁黎来说，父母这种包含一定自我牺牲成分的行为转变，却构成另一重无形的压力。这也加重了她的考试焦虑症状。父母的过分关注也造成了孩子对父母的过分依赖，因此才造成母亲缺席的时候，丁黎因为心理不适应而影响成绩。

2. 不要选择错误的参照系进行自我比较。

在这个案例中，明显可以看到丁黎频繁地用别人的长处来与自己的短处比较。其实，她所羡慕的那些优点并不可能全部集中在一个人身上。她这样是期望自己能够做到最好，于是不断用他人的优点来挑剔自己的不足。在这种错误对比的过程中，她却被自己想象出来的"超人"打倒了。有些父母喜欢指出孩子的缺点和不足，认为这样能够帮助孩子改正缺点。时间长了，孩子也会逐渐形成这样的观察模式：只能看到自己的不足，却看不到自己的优势。在这样的自我比较的过程中，孩子常常会选择了错误的参照系，认为必须改掉自己身上所有的缺点，否则就一无是处，不可能取得成功。这会让孩子陷入严重的焦虑状态，甚至会导致自我价值感的丧失，进而自暴自弃。

互动专区
HUDONGZHUANQU

1. 考试焦虑？会不会是孩子在找借口？

家长：我家孩子最近总是抱怨头疼或肚子不舒服，带他去看医生又查不出来什么问题。快到中考了，他是因为害怕考试而引起的症状吗？究竟怎么样才能判断我家孩子是不是有考试焦虑呢？

想要判断孩子是否患有考试焦虑可以参考下面这个《考试焦虑自测表》，让您的孩子仔细回答问题并统计分数，然后对照评分标准判断孩子是否处于考试焦虑中，以及现在出现的身体症状是否属于考试焦虑的生理表现。

考试焦虑自测表（西南师范大学心理系修订）

下列37个句子描述人们对参加考试的感受，让孩子阅读每一个句子，然后根据实际情况（感受），再填写"是"或"否"。答案没有对错、好坏之分，只求按实际情况填写。可尽量依照直觉作答。

（1）当一次重大考试就要来临时，我总是在想别人比我聪明得多。

（2）如果我将要做一次智能测试，在做之前我会非常焦虑。

（3）* 如果我知道将会有一次智能测试，在此之前我感到很自信、很轻松。

（4）参加重大考试时，我会出很多汗。

（5）考试期间，我发现自己总是在想一些和考试内容无关的事。

（6）当一次突然袭击式的考试来到时，我感到很怕。

（7）考试期间我经常想到会失败。

（8）重大考试后，我经常感到紧张，以致胃不舒服。

（9）我对智能考试和期末考试之类的事总感到发怵。

（10）在一次考试中取得好成绩似乎并不能增加我在第二次考试中的信心。

（11）在重大考试期间，我有时感到心跳很快。

（12）考试完毕后我总是觉得可以比实际上做得更好。

（13）考试完毕后我总是感到很抑郁。

（14）每次期末考试之前，我总有一种紧张不安的感觉。

（15）* 考试时，我的情绪反应不会干扰我考试。

（16）考试期间，我经常很紧张，以致本来知道的东西也忘了。

（17）复习重要的考试对我来说似乎是一个很大的挑战。

（18）对某一门考试，我越努力复习越感到困惑。

（19）某门考试一结束，我试图停止有关担忧，但做不到。

（20）考试期间，我有时会想我是否能完成学业。

（21）我宁愿写一篇论文，而不是参加一次考试，作为某门课程的成绩。

（22）我真希望考试不要那么烦人。

（23）我相信，如果我单独参加考试而且没有时间限制的话，我会考得更好。

（24）想着我在考试中能得多少分影响了我的复习和考试。

（25）如果考试能废除的话，我想我能学得更多。

（26）＊我对考试抱这样的态度："虽然我现在不懂，但我并不担心。"

（27）＊我真不明白为什么有些人对考试那么紧张。

（28）我很差劲的想法会干扰我在考试中的表现。

（29）＊我复习期末考试并不比复习平时考试更卖力。

（30）尽管我对某门考试复习很好，但我仍然感到焦虑。

（31）在重大考试之前，我吃不香。

（32）在重大考试前，我发现我的手臂会颤抖。

（33）＊在考试前，我很少有"临时抱佛脚"的需要。

（34）校方应该认识到有些学生对考试较为焦虑，而这会影响他们的考试成绩。

（35）我认为，考试期间似乎不应该搞得那么紧张。

（36）一接触到发下的试卷，我就觉得很不自在。

（37）讨厌老师喜欢搞"突然袭击"式考试的课程。

注：带星号的题为反向提问。

评分标准及说明：

各项目均为1—0评分。对每个项目，让孩子根据自己的实际情况答"是"或"否"。例如："参加重大考试时，我会出很多汗"，孩子根据自己的实际情况答"是"或"否"。评分时，"是"记1分，"否"记0分，但其中第3、15、26、27、29、33题6个项目为反向记分，即"是"记0分，"否"记1分。

该测验是以总分的形式来评定焦虑水平的，12分以下考试焦虑水平较低；12—20分属于中等程度的考试焦虑；20分以上属于考试焦虑较高水平。15分以上表明孩子的的确确感到考试带来的相当程度的不适感。

2. 孩子考试紧张怎么办?

家长：我是一个陪读家长，我女儿上高二了。最近两次考试，她成绩考得不是很理想。从这之后，她就开始因为考试而焦虑紧张，经常考前失眠，脾气也越来越差。常常学习到很晚，但是成绩还是没有什么起色。看她着急我也跟着着急，但是不知道怎么才能帮得上她。

如果确定孩子已经出现考试焦虑的症状，作为家长请首先保证自己的情绪稳定。如果家长也随之焦虑，只会进一步加深孩子的焦虑感。事实上情绪是会传染的，表面上看，父母的焦虑是由孩子引起的，但深究下去我们发现，往往正是父母的焦虑才引发了孩子的焦虑。因此，想要缓解孩子的焦虑，请先缓解自己的焦虑——无论你的这种焦虑是来自职业发展、人际关系，还是社会竞争。另外，在家里时常播放一些轻柔舒缓的音乐，营造一个能令人放松身心的起居环境对于缓解焦虑也十分有帮助。

3. 谈起考试，他莫名其妙地流泪

家长：一天早上，读高三的儿子突然跟我说："爸爸，我要是考不上大学怎么办? 为什么我一定要考大学? "说着他就开始流眼泪，但是表情却很平静。这让我很吃惊，我连忙问他发生了什么事，他却反复强调没有特别的事发生，只是最近总是在想这个问题。孩子这是怎么了?

孩子在高考的关头，突然开始思考起"学习的意义"的问题，突然失去了学习的动力，这是典型的"考试焦虑"症状，并不算反常。他的这种考试焦虑显然并不是最近才有的。开始的时候，这种焦虑能够激励他努力学习，通过努力取得理想的成绩，进而焦虑减少。但是长时间和大量的努力没有达到预期的效果，累积的压力越来越大，信心却越来越小，焦虑情绪就会越来越强。这是我们所说的心理紧张水平与活动效果关系的"倒 U 曲线"开始发挥作用。当孩子心里的绝望情绪逐渐积累，他会开始怀疑整件事情从开始就是错的，希望通过证明这些命题是错误的来避免承担失败的责任——这件事本身就不值得做，我没有做到并不是我的能力不行。

对于这样的焦虑状态，除了前面提到的"自信训练"之外，还可以通过 "放松训练"的方法来缓解其焦虑症状。让孩子能够学会自我调节，逐步将成绩恢复到正常水准。

所谓"放松训练"就是通过调节自己的呼吸，或语言上的自我暗示等方法，使全身的肌肉一步步放松，如对自己暗示"头部放松"，之后再"颈部放松"……增强大脑对全身控制支配能力的训练方法。在放松训练过程中，随着全身肌肉的放松，利用肌肉和大脑之间双向传导的特性，让大脑随着肌肉的放松慢慢入静，从而调节中枢神经系统的兴奋水平，这样就可以起到缓解情绪焦虑的作用。

4. 半路弃考，孩子坚决不返回考场

家长：孩子的考试需要三天才能考完，结果她考完了第一天说什么都不去学校继续考试了！后来听她说，如果考不好，太打老师的脸了！原来班主任对她的期望很大，还在其他老师面前保证说这次考试她能考进前三名，结果她怕考不好，辜负老师，干脆不接着考了！

不仅家长和社会环境施予的压力会导致孩子考前焦虑，老师的过高期待也会让孩子紧张。

在学校生活中，教师往往偏爱学习认真的学生，而学生也十分

珍惜教师的这种"关爱"，总希望自己能考出好成绩来回报老师的厚爱，为自己也为老师脸上添光。这种因外界期待而自我期许过高的心理状态，无疑会让学生在面对考试时平添几分压力。而老师在日常生活中无意或有意地将孩子与其他同学进行比较，将社会环境带来的竞争压力无形中转嫁到孩子身上，并要求孩子以成绩的优劣来证明其社会价值时，这种压力会直接诱发孩子面对考试时产生严重的心理焦虑。

如果知道孩子的考试焦虑来源于老师，家长就需要和老师去沟通，既然老师是引发焦虑的源头，最好还是由老师去解决。

5. 孩子考完试不敢回家

家长：孩子参加完期末考试之后没有回家，而是躲到大姨家居住。每天给我发微信，劝我不要在意学生的考试成绩，孩子压力也很大，等等。我一想，他就是没考好！气得我也不回复他！

孩子之所以考完试不敢回家，主要是担心家长的失望以及惩罚，这说明，家长对孩子的学习成绩非常看重，平时给孩子的压力过大。好在孩子情商比较高，用迂回的方式来缓解父母对自己成绩的焦虑。的确，有些孩子的焦虑其实来源于家长，如果家长不是那么焦虑，孩子也就不必那么害怕了。

所以，父母应该想想自己为何如此在意孩子的成绩？这恐怕是父母需要自己做的功课。孩子的成绩是他一段学习过程的结果，对结果有情绪是不理智的行为，重要的是把握好学习的过程，比如关注孩子的学习情绪如何，有没有学习目标和动力？有没有学习兴趣？有没有学习能力？有没有学习方法和策略？关注这些可以主导孩子学习结果的因素，如果这些都很好，那结果也一定错不了。对结果发脾气没有任何作用，因为就算孩子学习成绩差，也要知道具体原因，知道哪里出了问题，才能真正帮孩子去改善。

12

"学习没意思"
——如何变"厌学"为"好学"

如果说小学阶段孩子的学习还不用操心，但是等孩子到了初中之后，很多家长就开始为孩子学习烦恼起来了。调查显示，约有三分之一的中学生认为学习是一件被动且令人烦恼的事情。面对日渐加重的学习负担和越来越频繁的考试，孩子们的生理和心理都已经到了疲累的边缘，因此就会产生消极厌学的情绪。

轻度厌学的孩子会表现为上课不认真听讲；做小动作，注意力不集中；写作业磨蹭、马虎、偷工减料；偶尔拖欠作业，字迹潦草；家长不督促，很少主动学习；不会主动涉猎其他学习内容；偶尔有不想上学的想法。

中度厌学的孩子一学习就觉得疲劳，讨厌学习；花在手机游戏和娱乐的时间多；没有明确的学习目标和学习责任感；学习得过且过，听不懂就算了；作业应付、抄袭、不动脑筋；有的连抄都不愿意，做事拖拉懒散；容易叛逆，顶撞父母和老师；易激动或急躁，偶尔缺课和迟到。

重度厌学的孩子从心底对上学和学习厌恶；抵制、拒绝做作业和学习；任凭家长老师怎么催也毫无效果；上课不听，迟到早退，逃课；叛逆严重，与家人吵架多；结交社会坏朋友，离家出走；成绩严重下降，有的完全不上学，待在家里，白天不醒晚上不睡，对手机和电脑比较依赖。

讲道理、督促都是对牛弹琴，批评、打骂无济于事，有时候家长很委屈，自己已经非常用心了，可是为什么孩子就是改变不了呢？

青春期个案
QINGCHUNQIGEAN

16 岁高中生主动要求退学去当打工妹

这已经是这个月老师打到家里面的第五次 "投诉" 电话了，林爸爸面对女儿的现状，显得无能为力。电话中，老师把林雪在学校的 "不良表现" 向林爸爸又描述了一番。林爸爸挂了电话，把林雪叫到身边，气得脸上的肌肉都颤抖了："我和妈妈辛辛苦苦地赚钱，就是为了能够让你上一个好大学，有一个好前程！你们老师说你要退学？你胆子够大啊！"林雪站在爸爸面前，脸上没有一丝悔意，在她看来，能够离开学校，就是一种自由，作业每天要写到晚上 11 点的煎熬真让她受够了。

林雪是一名高一的学生。在学校里面，她的成绩处于下等水平。虽然爸爸妈妈和其他孩子的父母一样也都希望自己的孩子能够上一所好大学，但他们并没有给林雪多么大的学习压力。在爸爸妈妈看来，林雪能够高高兴兴地上学学知识，才是最重要的。可是，每次看到林雪不及格的试卷时，爸爸依旧压制不住心中的怒火。每次责骂虽然可以让林雪自省一段时间，却起不到长期的效果。林雪的妈

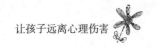

妈很反对丈夫对孩子大呼小叫，但面对"不争气"的孩子，也只有叹息。

老师和林爸爸曾见了几次面，每次都反映林雪在学校里面学习态度不端正，上课无精打采。因为林雪是住校，老师多次发现其在宿舍睡觉而不去上课。当着老师和爸爸的面，林雪很直白地说："上学太没劲了，既然我是你们眼中的坏孩子，不如让我退学吧，我想去打工。"

爸爸妈妈苦口婆心地劝说，依旧没有起到效果。新学期开始后，林雪的成绩变得更糟糕。与此同时，她还经常和同学翻墙到学校外面玩。为了保证林雪的人身安全，老师不得不致电给林爸爸，希望他能够想出一个有效的办法来，否则就算她不主动退学也早晚会被学校开除。

林雪的情况，属于典型的厌学情绪。但这种情绪真的只是青春期的一种叛逆行为吗？其实未必。从林雪的性格来看，虽然案例中并没有过多提及，但依旧可以隐约看出父母对其平时的教育不当，什么事情都由着她的性子来，而干预时又过于粗暴，这致使林雪在面对家长和老师的批评时，不但不会及时改正，相反却选择了放弃自己的学业。林雪处理事情的情绪化倾向，很容易让自己走上极端的道路。

1. 学习环境是诱因，沉重的学习负担是造成孩子产生厌学心理的主要原因。

虽然林雪的学习成绩一般，但青少年都有一定的自尊心，当身边的同学、朋友拿到满分试卷的时候，他们一样会心有不甘。而家长嘴上虽不明说，心里依旧期盼女儿能上一所好学校，不论孩子考得是否比上次进步，只要达不到自己的预期，都会对孩子大加指责。一次次的"失败"让孩子容易产生破罐子破摔的心理。再加上"每天作业要写到 11 点"的学习压力，最终导致了林雪的厌学。

其实，学习成绩不好并不代表孩子将来不能成为一个对社会有用的人。以学习成绩的高低来评价自己的孩子，未免过于片面化。林雪的父母虽表面上没有这么做，但内心中对女儿的期望依旧在隐隐约约中给林雪造成了一定的压力。所以，身为父母，在面对孩子学习成绩差这一现状的时候，不要盲目地提出自己的批评。双方都静下心来共同寻找一个解决之道，或者在老师的帮助下商讨尽快提高孩子成绩的办法。快乐是学习之本，如果只追求成绩的高低，就失去了学习本身的意义。

2. 家庭环境是造成孩子厌学心理的重要原因，错误的教育方式会给孩子的学习情绪带来极为消极的影响。

在一些家庭中，当孩子的成绩达不到父母的要求时，父母的教育方式不是去正确引导，而是斥责甚至暴力相向。"棍棒之下出孝子"这样毒性的教育信条早该被抛弃了，孩子是我们要尊重的独立个体，唯有先肯定孩子的学习态度和学习能力，哪怕孩子只是比上次多付出了一点点的努力，我们也应该积极地肯定这份努力，给予他们足够的信心，然后再去分析学习方式上的不足。一味只知道埋怨的父母，只会让孩子更为消极地去对待自己的学习。

3. 父母的榜样作用很重要。

父母是孩子的启蒙老师，若是父母都对学习持有反感的态度，这也会在无形中影响到孩子对学习的态度。

如果家长对知识不重视，对自身素质的提高不重视，在平时的生活中也没有表现出太多的学习动机和学习行为，这等于是给孩子树立了一个坏榜样。有不少的家长认为，学习只是学生的事情，和成年人无关，放弃了继续成长的念头，潜移默化之中，孩子也会形成对学习的漠视态度。如果家长自己本身就是一个爱学习的人，平常就爱看书，不断追求自身修养和能力的提高，当孩子看到父母在学习中得到的享受和进步，自然也会受到良好的影响。

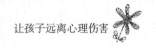

故意考不及格的优等生

在同龄人看来，宋波学习成绩优秀，是重点高中的佼佼者。似乎一切同龄人羡慕的光环和大人们引以为傲的资本，在宋波身上都体现了出来。可是，这次考试宋波却没有及格，看着老师惋惜的神情，他心里面突然感觉有一丝好笑。因为，这是他故意做出的恶作剧。

在父母看来，宋波是个听话的乖孩子。好不容易从千军万马之中脱颖而出进入重点高中，正当大家都以为宋波已经一脚踏进重点大学的门槛时，他却自己做了一张不及格的试卷。同学们都不明白宋波为什么会这么做，老师更是想不明白平素学习那么好的学生怎么会在一夜之间成绩一落千丈。

当爸爸妈妈把宋波"摁"到沙发上，让他交代缘由的时候，宋波终于狠了下心，说："爸爸妈妈，你们都以为我进了重点高中是一件好事情，可是你们知道我有多么不快乐吗？以前，我只要好好学习，就能考前几名，现在进了'尖子班'之后，即便我非常努力学习，成绩也没有多大提升，学习好的人太多了，我算老几？再说，就算考上大学又能怎么样？还不是一样找不到工作！你们没上过大学，不一样赚大钱，生活得很好吗？我还不如和你们一起做生意呢……"

宋波的父母有些惊慌失措，他们从来没有想过孩子的压力竟然会这么大。以前不用怎么管，宋波学习就很好，现在处于人才济济的"尖子班"，孩子就承受不住竞争的压力了。宋波坦言，这几次考试，他心里面都很沉重，甚至在考场上有想要逃离的冲动。妈妈还从老师和同学处了解到，宋波在学校变得越来越不爱和人说话。父母忙于生意，都自觉愧心于对宋波的疏忽。妈妈觉得孩子的话也有一定道理，没有文化未必赚不到大钱，而且现在学得又这么辛苦，就不要逼迫孩子继续念书了，可是爸爸却一百个不同意。为了这件事情，他们家庭之中还起了不小的纷争。

孩子产生厌学情绪，最担心的人必定是父母。学生厌学的原因是多方面的，有来自教育内部的原因，有来自社会、家庭的原因，有来自学生本身的原因。这几方面的原因是相互联系的，才造成了我们大家谁都不愿意看到的恶果。

1. 片面看中成绩名次，因此才会背上沉重的思想包袱。

宋波的学习成绩好，又进了重点高中，本来是个很有希望的"尖子生"，但是，当他进入"尖子班"的时候，在激烈的竞争中找不到以往学习上的优越感，自己的付出得不到像过去一样的回报，让他对学习产生气馁，这是孩子自己没有及时调整好学习心态。

没有人可以一直都保持着成功者的姿态。我们在教育孩子的时候，不应该只是告诉他们一定要获得第一名。毕竟，在比赛之中，第一名只有一个，我们应该教会孩子拥有一颗上进的心，不论成功还是失败，都不要放弃奋斗的勇气和信心。

2. 学校生活单调，容易使学生形成厌烦情绪和疲倦心理，从而产生厌学行为。

在放学回到家之后，我们是不是还要去强迫着孩子专心学习呢？如此一来，和睦的家庭和需要严肃认真对待的学校还有什么差别？长时间绷紧的情绪之弦，总有一天会断。因此，孩子回到家之后，在督促其完成了固有的家庭作业之后，需要给孩子们一个轻松的氛围和环境。我们可以和他们一起聊聊他们崇拜的明星以及喜欢的流行歌曲等，想办法走进孩子们的内心。差生不差，每个孩子都能成才，想要做到这一点就要身为父母的我们从观念上改变，不要把成绩当成评价孩子的唯一标准。

3. 知识贬值了，但不代表学习能力的贬值。

社会上存在的"一切向钱看"的思潮，在无形中影响着孩子们的思想。当物质至上的拜金主义逐渐在孩子思想上占据上风的时候，孩子学习的积极性就会下降。但是，这并不代表孩子失去了学习的能力。厌学不是单纯的懒惰，家长在责怪孩子之前，首先要审视自己的价值观，因为孩子的价值观在很大程度上是受父母影响的。

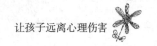

互动专区
HUDONGZHUANQU

1. 孩子厌学怪家庭环境不好

家长：老师给我打电话说儿子最近好几次早退，甚至有一次在中午就拎着书包走了。我问他怎么回事，他只说自己不爱学习，讨厌学习生活。还说是因为家庭环境让他没办法学下去。我听了就火了，自己学习不好，不从自己身上找原因，怪到家庭环境上了！

孩子厌学的原因很多，但是，家庭环境对孩子的影响确实是至关重要的。

家庭成员之间和睦相处、相亲相爱才能给孩子创造一个稳定安全的学习环境，在家教有方的父母的影响下，孩子也会成长为一个思想品德和学习成绩双优的好学生。

而在不良的家庭环境中，孩子们最容易产生厌学的情绪。更为严重的情况，还有可能出现辍学甚至是犯罪的情况。这样的不良环境主要有：

（1）经常吵嘴的家庭环境；

（2）家长行为不端的家庭环境；

（3）结构不完整的家庭环境；

（4）重利益，轻文化的家庭环境。

一般来说，孩子出现厌学情绪都有着先期的预兆。如不爱学习、不按时完成作业、学习状态不佳、成绩下降……家长应及时关注孩子的学习情况，把握住孩子在学习上的每一个细微的变化。一旦发现问题产生，就要及时和孩子沟通，解除他们心中的疙瘩。而以身作则的做法，可以起到事半功倍的效果。

2. 分数不是衡量孩子优劣的唯一标准

家长：为什么我和邻居王太太教育孩子的方法没有什么差别，而她的女儿学习成绩那么棒，我们家的儿子却始终是倒数几名呢？我儿子智力也没有问题，我平时也没少教育他，但是问题出在哪里呢？

任何孩子都有其自身优秀的一面，我们在关爱孩子这一点上，理应无区别对待。然而，每个孩子都是不一样的人，不能单纯地仅以学习名次高低分好坏。教育不同性格、不同特点的孩子，应该因材施教。没有一种方法，可以教好所有的孩子。因此，我们应该找到孩子的兴趣点所在，发挥其擅长的方面，尽量弥补其不擅长的科目。扬长避短，才能在短时间内取得长足的进步。

好成绩不是衡量孩子人生成功的唯一标准，更不是孩子未来在社会获得认可的金字招牌。虽然学习成绩好，但是心理问题严重的孩子比比皆是。由于家长过度重视孩子成绩，也会使孩子变得功利，比如有的孩子就会做出修改分数的事情。

如果家长只关注成绩，孩子在社交上也可能会轻视、排挤学习成绩不好的学生；在学习动机方面，"让家长开心"的动机也有可能大过"获取知识"的动机。

3. 孩子总说"累"，要我给她减负

家长：孩子上了初中之后，我担心她数学和英语成绩跟不上，就在周末给她报了两个补课班。因为她还对美术感兴趣，所以还有国画和素描两个兴趣课。这样，周末的时间就安排得比较满。孩子和我说了好多次，要求周末减负，因为她还有作业，这么安排，周

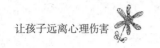

末一点属于自己的娱乐时间都没有。我虽然知道孩子比较辛苦，可是，没有现在的辛苦，哪有未来的幸福呢？再说，她周末闲下来能做什么？无非就是上网和朋友聊天，打打游戏，做那些没用的事情！

家长对孩子总是抱有很大的期望，希望孩子各方面都能优秀，于是，各种补课班和兴趣班就会将孩子本来就少得可怜的自由时间给霸占了。本来青春期的孩子课业就重，这样会让孩子不堪重负。

曾有一个初二的女孩向我诉说这样的烦恼：妈妈把她周末的时间安排得很满，她已经反抗过很多次，但是都被妈妈以"我都是为了你好"为理由镇压下来。她对课外辅导班并不感兴趣，学习效率也低，其实家长就是白花钱。但是妈妈听不进去，非要花钱买安心。

青春期的孩子需要有社交和娱乐时间。尤其是学习不好的孩子，如果没有一个比较好的人际关系来调节不良情绪，他就会更加苦恼和孤独，觉得学校是一个没有意思的地方，也没什么值得留恋的，从而产生不愿意去学校的厌学心理。

家长需要和孩子建立一个良好的沟通机制，不能都从自己的主观意志出发。至于课外辅导的效果怎么样，也需要和老师以及同学进行验证。否则不仅孩子浪费了时间，自己浪费了金钱，还伤害了亲子关系。

4. 孩子不求上进怎么办？

家长：我家孩子成绩不算差，但是也不是前几名的。他本来挺聪明，如果认真学是可以学得好的，可是他偏偏不去努力，总在10—20名之间摇摆。他倒是也有自己的底线，如果考到班里的30名之后，肯定也会着急，努力学习一阵子赶上来，又会保持原地。用他的话说，他能保持现状，肯定就能考上高中。其他的努力都是浪费！

孩子有自己的底线，这很好，这说明他是有一定的学习能力的。之所以"不求上进"是因为他的目标只是放在"考高中"上，因为有把握实现自己的目标，所以他不着急。如果帮助孩子把他现阶段的生活放在一个更宽大的视角里，用更长远的人生规划来看待现在的自己，他或许就会有不一样的目标，动力也就自然不一样了。

我在咨询中就遇到过类似的孩子，因为能轻松考上高中，所以他认为其他时间都用来玩是最划算的。但是当我和他探讨未来时，他告诉我，他将来一定要报考"985""211"的重点大学，我问他："那你觉得以现在的努力和状态能考上这样的大学吗？""不能！"他十分肯定地回答，之后陷入了思考中……

5. 孩子突然不好好学习

家长：为了让孩子有一个好的学习环境，我特意在他上初中时，把他送到外地的一所有名的学校，这个学校的升学率在整个省里都数一数二。平时两周回家一次。可是孩子去了之后，不仅三天两头生病，还在课堂上说话打闹，和小学时很不一样。老师为了让他长记性，罚他停课一周回家反省，可他并不知道反省，而是一个劲地要求我把他转到本地来上学，说在外地的学校不适应，没有安全感。我好不容易把他送进好学校，怎么可能由着他？再说，遇到困难就逃避，养成这样的习惯对他也不好！

从孩子在外地求学的行为表现上看，孩子不好好学习、课堂打闹等，都是为了获得家长的关注，他是想告诉家长：我在这里很不好，我需要回家。而且生病也是一个不适应环境的明显表现，说明孩子身心都在受着煎熬。

假若不解决孩子的身心问题，一味地要求孩子回到外地学校，恐怕孩子会用一些更极端的"不良表现"来表达自己的渴望。

升学率是社会和家长所看重的，却不是孩子健康成长的全部。

安全感和熟悉感是孩子对学习产生兴趣的基础，虽然学业升级需要转换新的环境，但是并不是每个孩子都能很好地适应，正如每个孩子都是独立的个体，不能一概而论，更不要用"别人都能行，为什么就你不能？"这样的话来刺伤孩子。

如果孩子安全感缺失，如何增加安全感或者适应性才是解决问题的方向，千万不能无视孩子的心理诉求，强迫孩子回到不适应的环境中去。

按照孩子的心理动力去决定事情的解决方法，适当顺应孩子，才能更好地帮助孩子成长。

"高考定成败？"
——理性处理高考失利

高考，是孩子在青春期要经历的最重大事件之一。十多年的学习生涯，在高考这场人生会战中，将做一个检验。

对于高中生来说，高考是终将要面对的一道门槛。迈过去了，就如同鲤鱼跃过了龙门一样，举家都会为之庆贺；若高考失利，这些十年苦读的学子有可能发现自己一下子找不到人生的方向了。高考成绩和分数线一公布，必定是"几家欢喜几家愁"。对于高考失利的考生来说，失望和郁闷是难免的，十几岁的孩子，心理的自我调节和抗压能力通常不如成人，所以，这个时候孩子们更需要家长的帮助，以便在跌倒的地方重新站起来。

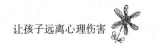

承受不住的打击

沈童是一个好胜的孩子，凡事都要做到最好。他认为自己考上一所本科第一批次的大学完全没问题，他曾经对同桌说，自己一定要考上一所全国重点大学，否则就再也不会重拾书本了。胜败在此一举！

上高三之后，他整天把自己埋在书海之中，晚上回到家也要苦读到深夜一两点左右。说起沈童那段用功读书的日子，父母都觉得心疼。每天早晨五点多就要起来朗读英语，晚上过了十二点了还在做练习题。因为上高二的时候，沈童曾经因为一个手术耽误了两个月的课程。转眼到了高三，落下的课程不抓紧时间补回来就会影响后面的学习。

为此，沈童学习起来几乎拼了命。每天睡眠不足六个小时，虽然很困，但他仍然坚持着，从来没有过一句怨言。他一直在等着高考，等着验证自我价值的时刻。

6月22日，高考成绩公布当天，沈童早早起床，偷偷躲在房里，忐忑不安地在网上输入自己的证件号码。成绩显示：430分！这个分数如一记闷棍砸向他的眼睛和大脑！他猛然意识到自己考砸了，摊在电脑键盘上的双手不停地发抖……直到中午，沈童也没有打开房门。妈妈已经叫了好几次了，但沈童却把屋子里面的窗帘全部拉上，自己躲在被窝里面闷着，他不想见到任何人。

晚上，他的房间里一点动静都没有，叫了几声也没人答应，有些害怕的父母将沈童的房间门撞开，却看到自己的孩子已经服用了大量的安眠药……

高考，在一定程度上还是决定着很多孩子的命运，在千军万马来挤独木桥的时候，总会有人落水，面对这一结果，懊悔、痛苦和失落等负面情绪都是正常的。尤其对案例中沈童这样本来自我感觉良好得有些自负的孩子来说，高考失败更是令他们无法承受的重大应激事件。

由于本身就对自己要求很高，在面对失败的时刻，沈童最后选择了逃避……

在看待高考失利这件事情上，家长首先要沉得住气。否则，本来就没主意的孩子在看到爸爸妈妈已经慌了之后，自己更不知道应该怎么办。要想让孩子正确处理高考失利的问题，家长首先要冷静，要理智地对待孩子的考试结果。不指责孩子，不把孩子的考试成绩和他人作对比，接受现实，然后共同寻找解决之道。一味地打骂并不是在教育孩子，而是把孩子当成了情绪宣泄的垃圾桶。

所以，在面对这件事情的时候，家长要时时刻刻地想着，孩子才是整件事情的主体。家长稳定的情绪和豁达的态度，是让孩子从绝望和沮丧中解脱出来的希望所在。

下面一些很简单的小方法，可以帮助孩子将负面情绪有效地排解。只有甩掉了负面的包袱，才能面对以后的生活。

宣泄——可以鼓励孩子在不影响他人的情况下，痛哭、呐喊、倾诉等，这些都是比较有效的调节方式；

替代——多肯定，也让孩子多想想自己其他方面的成功，用其来抵消高考失败造成的痛苦；

暗示——可以展望以后的生活，进行积极的心理暗示，想象自己经过努力获得成功的景象；

重树信心——帮助孩子分析有利的因素，保持乐观的生活态度。

这个过程中，家长的角色尤为重要。家长不仅要为孩子起好引导作用，更要做好监督员，防止孩子自己由着性子乱来，最终走向错误的人生方向。

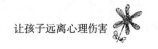

无法言说的父爱

夜半时分，老张被走廊上的响动吵醒了。他悄悄起身，开门来到客厅。卫生间的灯光隐隐约约地透过毛玻璃洒在地上，儿子模糊的身影若隐若现。老张看了看墙上的时钟，儿子进去卫生间已经将近一个小时了，他丝毫听不到里面的动静。害怕出什么事情的老张急忙敲响了卫生间的门，许久之后，儿子才开门出来。老张看到儿子脸上没有一丝表情，苍白得令人感到害怕。

每次谈起自己的儿子，老张就会一脸的气愤。"高考落榜有什么了不起的，古时候有的人还要考一辈子呢。老子也不过是高中学历，现在不是也混得挺好吗！"对于儿子现在的状态，军人出身、脾气暴躁的老张总是会毫不客气地批评起来。

去年，儿子高考就落榜了。复读一年之后，儿子又没有考上理想中的学校。自此之后，儿子就整天窝在家打电脑游戏。每次吃饭的时候，老张都会数落儿子的无能。儿子也不顶嘴，只是默默地把自己的饭吃完，然后就回到房间把门锁起来。

老张的妻子有时候看不下去，会替儿子辩解两句。但儿子这样自闭的状态，谁都知道是不好的，难道还不让当爹的说两句？然而，每次半夜儿子出来的时候，老张都十分警觉。他担心儿子想不开，如果儿子的房间里长时间没有动静，他又拉不下面子去敲门，就会把耳朵贴在门上，等里面有声音了，才悄悄地回到自己的房间。

对于父亲对自己的关爱，儿子也都明白，可是，他也知道，父母给不了自己任何帮助，未来一片茫然，自己已经不知道何去何从……

每次高考成绩出来之后的时间，都是考生和家长踏破心理医生工作室门槛的时候。前来咨询的考生或者家长，多半是因为考试没有考好，进而出现了抑郁、失眠等症状。老张的儿子就是这一病症的典型代表。高考结束了，不管最后的成绩是好是坏，都代表着对过去的一个终结。家长应该教给孩子们如何抬起头来向前看，而不是站在失败的阴影里面，永远走不出来。

1. 家长与孩子都要直面现实。

成绩已经成为了定局，因此我们所能做的事情是接受它，然后再去寻求其他的解决之道。家长越是害怕在孩子面前提及成绩的问题，就越在无形之中加深了这个话题的敏感性。回避的态度永远无法解决问题。上天在为我们关闭一扇门的同时，必定还打开了另一扇窗。孩子可能因为一时的失败而大受打击，家长需要做的是多给他们一些鼓励，让孩子学会正确评价自己和得失。毕竟，高考只是一次人才的选拔过程，一次失利并不能代表自己的完全失败。

2. 为孩子提供一个正确、合理的宣泄途径。

高考失败必定会产生不良的情绪，相信绝大多数家长在这个特殊时期都能够理解孩子心中的苦楚。作为孩子身边最亲近的人，理应成为他们倾诉的对象。多鼓励孩子把心中的苦闷说出来，或者用出去旅游、散步、唱歌等行为来宣泄不良情绪。只有化悲痛为力量，才能向着新的目标继续努力。

3. 需要注意的是，家长在孩子高考失利之后，很容易给他们造成二次伤害。

为了保证孩子能够以一个良好的情绪投入到接下来填报志愿的程序中，家长应该尽量做到不要直接责备孩子，不要选择逃避现状，更不要过度关注。越是反常的行为，就越会给孩子造成心理压力。正确的做法是，和孩子一起面对现实，不过分掩藏也不过分渲染。只有家人的理解，才是孩子走出心理阴影最大的情感支撑。

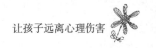

互动专区
HUDONGZHUANQU

1. 我从来没指望孩子考上一个好大学

家长：我的孩子平时学习就不好，高考失利也是正常的，我从来就没有想过他会考上一个什么好大学。现在大学毕业了，不一样是没有工作？还不如早点跟着我出去打工呢！

这是典型的"新读书无用论"。平时学习再不好的孩子，也希望自己能够在高考这一事关自己一生的考试中考出一个好成绩。看这位家长的态度，很明显平时对孩子的关心不够。一个孩子的未来，不是简单到可以用上不上大学来评判的。一个人接受到的教育越高端，那么他为人处世的素质也就越高端。此时，首先需要解决的是家长的心态问题。重要的是要加强自己和孩子之间的沟通，不能想当然地做出一些一厢情愿的决定。高考考得好不好不是关键，关键的问题是大家应该用什么样的态度来看待这一份高考成绩。

孩子年龄尚小，文化程度低，认知能力弱，再加上处于青春期，过早进入社会，很令人担忧。因此，家长尽量不要用自己个人的价值观去影响孩子。高考失利之后，孩子是进入社会还是选择复读，我们应该尽量尊重孩子的意见。爱他，就要给他选择的自由。

2. 孩子没考好，每天强装笑颜

家长：孩子高考没考好，我也知道她心里面不好受。可是，孩子为了我和她爸爸心里好过一点，每天都会强装出笑容来。我知道，孩子为了高考能够考出一个好成绩，整个高三都一直在苦撑着。可是现在，我真的不知道该怎么去引导她。

其实，这位妈妈也不用太过担心。孩子懂得把自己的悲伤掩盖起来从而让父母开心，这是她已经长大了的标志。她心里面明白，父母是很重要的，一时考试的失利，不能影响全家人的好心情。如果你实在是担心孩子自己不能走出这一道关卡的话，那就不妨和女儿坐下来好好谈谈心。谈话的内容可以天南海北，切记不要主动去问"孩子觉不觉得难过"这样的话语。聊天本来就是释放情绪的一种方式，如果过多地把聊天的内容放在灰暗的事情上，反倒适得其反。

你可以告诉孩子，不管她做出了什么选择，爸爸妈妈永远都会和她站在一起。

3. 家长怎么陪伴孩子度过高三这一年

家长：每次到高考的时候，都会看到电视上每天都在宣传今年的高考形势到底有多么严峻。我的孩子刚刚上高三，就已经开始半夜熬着不睡觉了。这样下去，身体怎么吃得消呢？在高三这个特殊的阶段家长应该为孩子做哪些辅助工作呢？

高三是一个极为特殊的时期。这一年，要进行大量的考试、排名。因此，孩子的身体和精神都可能吃不消，这也是家长这一阶段所要关心的重中之重。首先，在平时的膳食中，要讲究营养合理、荤素搭配。其次，保证孩子在学习的过程中能够有一个好心情，父母双方要尽量做到不吵架，不过分关心孩子成绩的起伏，也不对孩子过分淡漠。高考之后填报志愿之类的事情，等孩子高考结束之后再去谈也不迟。不要过早地和孩子谈未来的计划，当下的任务就是学习，如何把成绩提高上去才是正理。

还有不要忘记的一点就是，要适当带孩子出去散散心，劳逸结合，懂得休息的人才真正懂得如何更好地工作和学习。

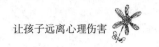

4. 高考后的两周是考生心理问题高发期

家长：我的孩子本来热情开朗，但考试之后情绪低落、少言寡语，有意无意地说些不着边际的话，闭门不出，不愿见同学，不愿见亲友，这种情况，身为家长也不知如何是好。

考后两周往往是考生心理问题的高发期，有资料表明，高考结束到发榜前，考生出现心理问题的情况比高考前与高考期间有增无减。这实际上不难理解，因为任何人在面对人生重大转折点的时候都会遭遇困惑、压力等精神方面的高压折磨，由于有些学生在压力面前不知道如何正确调节，就会做出一些过激行为。

孩子高考时的精神高度紧张与高考结束后的突然彻底释放，前后对比，容易形成很大的心理落差。高考过后录取与否，对考生来说是相当漫长的等待，焦虑不安在所难免。考试发挥不理想的同学，更容易情绪低落、灰心丧气，严重者甚至出现心理问题。

最明显的表现就是心理疲劳，睡眠质量差，如失眠、做不连贯的梦、在噩梦中惊醒等。当心理疲劳持续发展时，会导致心血管和呼吸系统功能紊乱、消化不良、内分泌紊乱等。

针对以上情况，家长应引导孩子听听歌，或者出去游玩，分散孩子的注意力。同时，在饮食上，注意不要天天给孩子进食大量油腻的食物，否则原本疲劳的身体在暴饮暴食后，容易闹出肠胃病。

必要情况下，如果考生在考后很难恢复生活节律，注意力不能集中，也可找心理医生咨询，及时调整自己的心态。

5. 高考过后的娱乐放松，要重视孩子安全问题

家长：孩子考前和我们说，希望考后好好放松放松。作为家长，我们也知道孩子备战高考，压力一直很大，但是我们又担心孩子放松会出现危险，毕竟我们也经常听到一些乐极生悲的事情时有发生。

所以，在支持孩子放松的同时，我们很想知道孩子最容易在哪些方面出现安全问题？

支持孩子放松并充分考量孩子的安全问题，是每个家长应该重视，也最容易忽略的细节。为了避免危险发生，家长应在鼓励孩子放松、体验社会的同时，多提醒孩子注意以下几方面：

（1）放松不等于放纵。

考后放松，对于身心健康很有好处。但放松一定要适度，不要变成了放纵，比如熬夜玩游戏、通宵聚会、饮酒甚至酒后驾车等，如果不加节制，不仅虚度青春时光，还会损害身心。

尤其在长达一年多的时间里，考生为了备战高考已经养成了一定的生活习惯，如果短期内改变习惯会让身体受到伤害，休闲放松的同时要遵循科学的作息时间，不要造成生物钟紊乱。

（2）外出旅行尽量结伴。

由于学生的自控能力相对较差，自我安全防范意识不强，学生旅游的安全问题就显得尤为重要。每年高考过后的一段时间，考生外出游玩伤亡事件时有发生，多是缺乏安全意识又是独行所致。因此，学生外出一定要结伴而行，如果方便，尽量在家长陪伴或监督的前提下进行，最好不要一个人去旅行。

同时，出于安全考虑，身上不要携带过多现金、贵重物品、奢侈品等，以防遇到坏人抢劫。

（3）私自下水游泳很危险。

每年高考过后，全国各地都会出现或多或少的高考学生溺水死亡事件。很多事件表明，这些出现的高考学生溺亡事件的地区，除了因为江河、湖泊、水库、池塘等开放水域面宽难管外，还在于高考学生在学校期间只顾学习，忽视了安全习惯的培养。因此家长更要严肃提醒孩子不要私自下水游泳，尤其是那些有明显警示牌和野外无人区域的河水流域。

"我对食物失控了！"
——饮食失调背后的心理障碍

在这个"享瘦"已经蔚然成风的年代，有些花季少女对于"魔鬼身材"的渴望，让自己走进了另一个误区，甚至因为体重的快速下降，出现营养供应不良的症状，甚至产生了拒绝维持最低体重的不良心理现象。

出现厌食症的病例中，95%为女性，青春期厌食症更是最常见的典型案例。厌食症多为营养不良引起的并发症，最终会导致身体的衰竭和精神抑郁，有的病例还会引起自杀性的行为。在患有厌食症的人群中，有10%—20%早亡。

与厌食症相反，暴食症则被定义为不可控制地多食、暴食。暴食症患者经常在深夜或者独处无聊的时候，或者遇到沮丧、愤怒的事情时，用大量进食的行为来消除心中的郁闷之情。这样的行为往往无法自制，直到腹胀难受，才肯罢休。然而，这样的暴饮暴食虽然可以给自己带来一时情绪上的满足，但随之而来的往往是极深的罪恶感，还有过度自责、失控带来的焦虑感，甚至还会使用不当的催吐方式来自残。

这种暴食行为，通常是在十分隐秘的条件下进行的，如果每周发生了两次以上，并且连续出现此状况达到三个月以上，就可以断定为神经性暴食症。

暴食症发生频率最高的时期就是青春期。青春期的进入阶段和向成人过渡的后期阶段，是暴食症最有可能出现的两个时期。而尤其是在后一个阶段，在俗称"年轻成人"的女孩子中爆发此病症的概率更高，发病率可以达到该年龄段女孩的 1%—3%。

在家庭和社会的压力面前，处于从孩童向成人转换的青春期阶段的孩子，有着不同于成年人的思维，也面临着不同于成年人的压力。正是由于对自己的不满，以及思维方式和认识等有偏差，他们会用不间断进食的错误方式来调节和控制自己的情绪。

青春期个案
QINGCHUNQIGEAN

初三女生为减肥而住进医院

开学已经一个星期了，大多数的同学都已经很快适应了初三高压且快节奏的生活，可是小星却一直没有来学校报到。老师有些着急，按照上次期末考试的成绩来看，小星完全有能力考进一所重点高中，可是初三的课程这么紧张，她已经落下许多课程了，想要追赶上其他同学肯定会有些吃力。

其实，小星也很着急。可是，她现在躺在床上，基本上无法动弹。原来，她得了神经性厌食症。身高 1.6 米的小星，体重只有 35 公斤。乍看上去，小星完全就是皮包骨头，她身上的肋骨每一根都凸显在外面。如果遇到了大风，每个人都会担心她会被吹倒。可是即便如此，小星还一直在强调自己身材臃肿。她常对同学们说："我的小肚子还是有点凸出，而且我的腿也显得太粗了。我究竟怎样减才能瘦下去呢？"

于是，在暑假中，小星不听妈妈的劝告，每天只以一个苹果为食。渐渐地，看到自己的体重在一天天下降，小星的脸上现出了从未有过的笑容。对自己要求严格的小星，每一天都在极力地追求着魔鬼减肥法所能达到的效果。她从不吃油炸食品，任何食物在入口之前都要先上网查一下其能量的情况。

当小星在为自己的减肥方法有了显著成效而兴奋不已的时候，另一个麻烦却找上门来。长时间的节食，让小星早已经不记得吃饭是什么滋味了。她脸色蜡黄，整天都处于萎靡不振的状态之中，而且月经也已经好几个月没有来了。直到有一天她突然晕倒在客厅里，才被家人送到了医院。

医生告诉妈妈，像小星这样的病例，最严重的情况是发生猝死。可是，尽管妈妈苦口婆心地劝小星多吃一点东西，然而现在的小星，看到碗里面的食物就感觉一阵恶心反胃，吃饭对她来说已经是种煎熬。

小星的厌食症是过度追求减肥造成的，这正是许多爱美心切的女孩容易走进的一个误区。用消耗自己身体的代价来换取美，自然是不值得的。

青春期的孩子非常注重自己的外貌，很注意别人对自己打扮的反应，也会因为不令人满意的外貌特点产生极度焦虑的情绪。他们常会把自己想象为"独特的自我"，把周围的人视为"假想的观众"，似乎这些假想的观众随时随地都在关注、观察着自己这一独特的自我。他们会把自我欣赏、自感不足等都投射到周围人身上。小星对自己身材的苛刻要求，来源于青春期孩子的特殊的心理特点。

为了让自己看上去更美，不惜采取一切措施——这背后是对自我价值不确定的焦虑。作为家长，如何增强孩子自身的价值认同？

孩子缘何只通过外表来确定自己的价值感？孩子没有其他方面的自信吗？家长又应该如何帮助孩子确立这些自信？总是爱对孩子批评、指责的家长需要注意，如果你的这种教育方式总让孩子生活在低自尊的感觉里，孩子可能会因为追求自我价值而在某些方面有过于突出的反应。

有的孩子生活被家长所控制，不能按自己的方式去生活和选择，这样的孩子患有厌食症有着一种隐含的生命诉求——我至少可以控制我自己的饮食，这是别人没有权力干涉的！我终于能掌控我自己！那些事事都要为孩子做好选择还自以为这是为了孩子好的家长，实际上是剥夺了孩子自主生活的权利，孩子可能会以极端的方式进行反抗。

与父母的教育相关的厌食症患者还有可能是受到了极度的冷落，他们想用这种方式来获得父母的关注——我自残了，你总该来爱我吧？如果父母不给予关注，孩子可能会用这种要自己命的方式来让父母感到内疚。而父母在孩子有特殊情况时候才给予关注，又会助长孩子频繁使用这种招数来获得家长的关心。因此，那些用物质用美食来代替自己的爱的家长需要注意，孩子的厌食症或许在暗暗传达这样一个信息：我不要这样所谓的"爱"，我要你们真的"爱"。

患有神经性厌食症的人中，有很大一部分对自身有着要求完美的倾向。85%的厌食症发生在13—20岁的青少年身上，而高峰期则集中在十七八岁的年纪。厌食症较严重的情况，患者会出现自伤、自杀等危险行为，此时更离不开父母在身边的悉心照料。

全家齐动员治疗厌食症，所指的依旧是父母应该给孩子足够的爱，不可缺也不过分，让孩子在一个健康的家庭中成长，才能保证其有着正常的价值观和审美观，防止极端情绪的出现，杜绝因此引起的厌食症状。

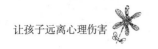

贪吃女孩保持体重的秘密

王荣只有17岁，在这个花一般的年纪，许多女孩都在控制饮食，生怕自己发胖甚至肥胖，然而王荣一顿饭却可以吃得下三份炒米粉。一天的时间，她能吃下几斤水果和许多零食。如果没有太要紧的事情，她一顿饭可以吃两三个小时。但令人不解的是，如此能吃的王荣，却依旧可以保持一副很好的身材。

其实，王荣以前的饮食是正常的，半年前恋爱失败之后，她才开始暴饮暴食的。为了保持身材，人们不知道王荣在背后承受了多大的痛苦。每当见到美食的时候，王荣总是控制不住自己的欲望。即便早晨再不愿意起床，只要闻到妈妈做的饭菜的香味，王荣就会很快地洗漱完毕并且把所有的饭菜都吃光。到了超市，她会一次买四个面包。同学都以为她能吃许多，可是王荣自己明白，其中两个是用来当晚饭吃的，另外两个是用来吐的。尽管她明知道这是种浪费，却依然阻止不了自己。

为了向妈妈要钱买零食吃，她都已经好几次和妈妈大吵起来了，因为妈妈对支付她高额的花费已经力不从心了。其实，王荣也不想这样吃，但心情不好或者感觉压力很大的时候，她就会大吃特吃。她在日记中写道，每当这个时候，就感觉身体里面有两个魔鬼在打架，一个叫嚷着不吃，一个叫嚷着猛吃。而结果往往是猛吃占据了上风，在一顿大餐之后，她都会立刻后悔、内疚，为了保持身材，王荣会把手指插到喉咙里面强行催吐。为此，她感觉身心都已经遭到了很大的创伤。

每次吃之前，她都极力想控制，但越想控制越控制不住。即使不饿，王荣也常常在脑海中思考一会儿要吃什么……王荣觉得自己好讨厌这样的自己，然而要控制饮食，对她来说却比登天还困难。

当遭遇痛苦的时候，吃东西或许是一种缓解痛苦的方式，但是长期并大量地用超负荷摄取食物来弥补内心的"黑洞"，可以预见的是：黑洞是无法用食物来填满的，而这些超标的食物，一定会给身体造成损害。其实精神压力比较大的时候，并不是只有吃东西才可以排解。可以建议孩子换成积极的、有建设性的方式：如写日记，进行体育运动，反思自己的责任，必要时可以看心理医生。当暴食症要发作的时候，最好转移注意力，从而避免自己受到情绪的控制。如果孩子自己不能做到这一点，父母可以试着吸引孩子此时的注意力。

1. 治疗暴食症的方式，最关键的一点是将孩子的进食需求尽量延迟。一旦过了情绪最需要发泄的时间段，孩子对食物的需求就会相应降低。

刚开始可以先试着延后 5 分钟，然后逐渐加长，一直到一两个小时。如果有条件的话，可以在孩子的暴食症发生的期间，将厨房封住，彻底阻断其在家中进食的来源。每天定时在外面吃，家中尽量少放或者不放任何餐点和水果之类的食物。以此循序渐进，促进孩子形成良好的进食习惯。

这种"节流"的方法对已经意识到暴食症痛苦的孩子尤为有效，在孩子和家长的双重努力和协作下，渐渐破坏不良的条件反射进食习惯，从而建立起新的习惯。

2. 治疗暴食症不像是感冒发烧一样，吃了药之后就会好。它更像是一个戒烟戒酒的过程，需要持续的努力。

敏感、缺乏自信，是暴食者的通病，所以一旦有压力产生的时候，就容易紧张焦虑，进而习惯性地用食物来发泄情绪。要治疗暴食症，提升个体的自尊、自信是一个根本的工作，但这也是最难的部分。家长可以带着孩子求助于专业的心理治疗医师。

家长们要避免一个思维上的误区，就是限制饮食就会变瘦。实际上，过度节食，通常会引发加倍的暴食。所以，在引导孩子治疗

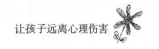

的过程中，应该保持一日三餐正常的进食量。

治疗暴食症并不是一朝一夕就能完成的事情，家长可以用低热量的食物来代替高热量的食物，以免孩子因为摄入过多热量而引起发胖，还要尽量不让孩子独自进食，防止其再次发生无法自制的情况。

同时还要注意一点，在吃饭的时候，不要让孩子边吃饭边看电视，这会在不知不觉间增加多吃的可能性。

互动专区
HUDONGZHUANQU

1. 女儿要减肥，可别患上厌食症

家长：都说厌食症非常可怕，听说有许多大明星为了得到一个好身材极力控制自己的饮食。我的女儿也不例外，每次吃饭的时候让她多吃一点，她就嚷嚷着自己要减肥。我真害怕她万一患上了厌食症，那可怎么办啊？

其实，很多病症在发作之前都有明显的征兆，厌食症也不例外。下面 8 个方面的征兆，可以帮助这位家长来判断一下自己的孩子是不是真的患上了厌食症。

（1）孩子在突然之间变得对身材和体重过分重视，并且把其当成是对自己评价的标准。对肥胖有着极度的恐惧感，减肥不是一种方式，而是几乎成为一种生活习惯。从来不去注意自己的体重已经减到了多少，没有明确的界限，而是要把减肥进行到底。

（2）吃得很少，有时一整天只是喝一点饮料或者只吃一点东西。即便已经饥肠辘辘，也强迫自己不要进食。过度激烈地运动，有时还会服用泻药以及催吐等来排出已经吃下去的食物。

（3）在很短的时间内，出现体重急速下降的情况，并且低于标准体重的 15%。

（4）在维持正常作息活动的情况下，却否认自己有饥饿和疲劳感。

（5）贪食，然后用过激的手法把食物排出体外，并且已经形成一种恶性循环。

（6）长期的不良饮食习惯已经造成肠胃功能衰竭，吃下去的东西多半要吐出来，无法正常进食。

（7）出现血压低、心跳减慢、掉发、骨质疏松、指甲脆弱、脸色苍白或蜡黄、畏寒等症状，体质极差。

（8）女孩出现月经失调或暂停。

2. 厌食症的病因有哪些呢？

家长：只有了解病因，才能对症下药。请问青少年的厌食症病理成因都有哪些呢？

青春期的孩子和成人在心智上有着明显的不同。因此，同样是厌食症，青春期患发的厌食症不同于成人（成人厌食症一般多是由身体病变引起），也不同于婴孩（婴儿厌食症一般由营养不良引起），青少年时期发生的厌食症和心理因素密不可分。

（1）青春期的孩子非常关注自己的外表，有些孩子过度追求身材的苗条，对体形有着近乎苛刻的要求。因此他们少吃或不吃食物，或者吃进去之后再吐出来。由此造成的厌食症多见于自控力比较强的女孩。

（2）性格内向，敏感、多疑、偏激、情绪不稳定、无端的挑剔和喜好。

（3）体内激素分泌失调，也可能导致青春期的孩子厌食。

（4）过分争强好胜，做事情喜欢尽善尽美，以自我为中心；而另一方面又常常表现出自己的不成熟、多疑、对家庭过分依赖等。这样的不良心理也是产生厌食症的心理根源之一。

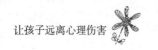

针对这些问题，在治疗厌食症的时候，父母要引导孩子适当舒缓心理压力，对环境对自己都要有一个比较客观的认识，从而寻找到自己在社会中恰当的位置所在，以增强处理各种事件的能力。

3. 暴食症对孩子都会造成什么危害?

家长：在我的印象中，得了暴食症之后，就会不停地吃东西。除了对肠胃造成极大的负担，身材逐渐发胖之外，还会带来什么样的危害呢?

暴食症带来的危害，最直接的表现就是肠胃问题，继而因为进食过度而导致身材发胖。暴食症初期，患者常常表现为情绪过分激动或者过分抑郁。而到了后期，就会出现催吐的现象。如果此时不及时有效地制止，最严重的还会引发死亡。

暴食症是一种自己有意识造成并且维持的病症，只是患者无法自我控制。女孩会因此而造成经期紊乱。情绪上的压力还会造成失眠、沮丧，暴食症患者到了晚期，还会发展成肠胃溃疡，甚至引发心脏和肾脏等器官的功能衰竭。

由于暴食会引发身体肥胖或者身体其他器官的不适，暴食症患者最后多会采取催吐的方式进行缓解，进入暴食——催吐——暴食的恶性循环之中。过度催吐，会因为胃酸逆流，进而导致蛀牙和食道炎、唾腺肿大等后果。而如果选择服用利尿剂、泻剂进行减重，则会导致低血钾症、体内酸碱不平衡等病症。

同时，暴饮暴食还会引起周期性的麻痹。暴食会使身体中的血糖快速升高，超越了身体承受的极限，会导致肌肉无力，甚至出现瘫痪。

这些都是暴食症所能够引起的足以致命的并发症。所以，家长要把孩子究竟能够吃多少这件事情着实放在心上。

4. 我的孩子很贪吃，是不是暴食症？

家长：我的孩子最近总是吃很多东西，我怀疑他是不是得了暴食症。请问暴食症一般都有哪些表现呢？

患有暴食症的人，多半是因为失去了内在的平衡和控制力，才会出现暴饮暴食的现象，其一般表现为：

（1）在短时间内吃掉大量的食物，进食量远远超过正常。

（2）对进食失去控制，无法停止进食，或不能控制进食的次数和数量。

（3）暴食后马上采取不恰当的补救措施以防止体重增加，发生次数平均 1 周至少 2 次，且持续 3 个月以上。

（4）在初期，患者对自己的暴食行为感到害羞，常是秘密进行。

（5）情绪烦躁，人际关系不良。暴食虽然可暂缓烦躁情绪，但随后不久病人便因对自己不满而情绪低落。

（6）控制体重的方法最常见的是诱呕，也有服用催吐剂致吐。长时间如此之后，患者可达到想到呕吐便会呕吐，即使仅进少量食物也能呕出的状态。

（7）有的患者为了保持身材而选择增加体能消耗，如快速活动、增加体育锻炼等，活动量大大超过正常份额，且影响日常生活。

（8）患者过分重视自己的身体外形，常感到不满意。

（9）可伴有抑郁或焦虑症状，内容多数与体重或身体外形有关。

（10）女孩的月经周期不规律。

（11）牙齿出现问题，腮腺肿大，由于催吐，手背肿胀或有疤痕。

这 11 点，都是暴食症患发的表现，一旦任何一点出现周期性，就需要家长特别注意。

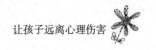

5.为了维持学习热情，孩子吃零食上瘾

家长：我的孩子高三学习时间紧、压力大，饿了就靠零食充饥，时间久了难以自控，即便给他做的正餐也能全部消化，但体检时，医生提醒说体重超标，必须注意控制以免影响高考，怎么办呢？

关于这个问题，我们要从以下两点去做理性分析：

1.如果将食物与情绪联系到一起，就可能会促使孩子产生暴食症。

家长要弄明白孩子为什么要吃东西。孩子在不饿的时候，也要大量地吃东西，这就需要引起警惕。

通常情况下，父母很少去考虑孩子吃东西的原因。有时候父母往往会用一些零食或者吃大餐的方式来表扬孩子。或者在孩子情绪不好的时候，买一些好吃的安慰他。这就会在孩子心中形成一种歪曲的理念，食物对孩子们来说，成了一种安慰品，是一种对表现良好的奖励，是消解负面情绪的方法，而不再和饥饿联系在一起。

随着青春期各种矛盾的突出，孩子需要承受的压力也越来越大。当感觉到有压力或者无聊的时候，他们在潜意识中就会用吃东西来缓解负面的情绪，这已经和本身是否饥饿无关了。

情绪化的暴饮暴食，想要根本治愈，就要从情绪着手。孩子过度依赖零食是与学习上的压力有很大关系的，零食对于他们来说是一种缓解压力和焦虑的方法。因此，解决压力源，调整自己的情绪，才能让各种零食逐步远离自己，最后戒掉暴食这个坏习惯。

2.了解孩子暴食的动机，逐渐修正孩子的行为。

尽管这种身体的不自主机能很难改变，但只要下定了决心，给孩子重新设定一种正常的条件反射，在吃之前，要孩子三思而后"食"，那么解除暴食症，也不再是难事。

家长把孩子最容易暴饮暴食的时间段、地点和数量记录下来，然后根据自己的记录，和医生协商出最好的治疗方式和康复计划，从而可以有针对性地帮助孩子改正这一坏习惯。

许多人都会发现自己在某些特定的时间里特别想吃东西，有的人是在不开心的时候，就会习惯性地站在冰箱旁边吃东西，有的人在和朋友讲电话的时候，会很自然地拿起一包薯片吃。这些都是不良的习惯，孩子们往往自己很难察觉，这就更需要家长起到监督的作用。利用这些信息，归纳出孩子容易出现暴饮暴食的地点和环境，下次再遇到相同的情况时，就会有所准备。

在孩子最容易吃东西的地方，不放太多的食物；在孩子最想吃东西的时候，减少食物的供应量，从而逐渐改变孩子的生理习惯。让孩子自己意识到暴饮暴食的不良结果是更重要的，自己提醒自己注意比父母的监督更有效。

15

"我抑郁了"

——孩子也常患"心灵感冒"

　　抑郁症是一种常见的精神疾病，主要表现为情绪低落，兴趣降低，悲观，思维迟缓，缺乏主动性，自责自罪，饮食、睡眠差，担心自己患有各种疾病，感到全身多处不适，严重者甚至会出现自杀念头和行为。

　　在许多人看来，似乎只有大人才有可能患上抑郁症。其实不然，尚未成年的孩子，尤其是处于青春期的孩子，患抑郁症的概率也很高。由于所处社会场所和成长环境的不同，现在的青少年患上抑郁症的数量有着明显上升的趋势。而想要治好青少年的抑郁症，父母则起着最为关键的作用。

　　抑郁症是精神科自杀率最高的疾病。抑郁症发病率很高，几乎每 7 个成年人中就有 1 个抑郁症患者，因此它被称为精神疾病中的感冒。抑郁症是人类最常见的心理疾患。若将轻型抑郁包括在内，抑郁症在全世界的患病率约为 11%。在我国，对抑郁症尚无精确统计，但抑郁症患者随时随地都可能在人们的身边出现，只是人们还没有充分正视这个心理第一疾患而已。

在晚睡、泡吧等一系列不良习惯的诱导下，青少年抑郁症发生的概率要远远高于其他人。美国哥伦比亚大学医学中心的研究人员在《睡眠》杂志上报告说，他们对超过 1.5 万名青少年及其家长进行了调查研究，以了解这些青少年的睡眠时间与患抑郁症风险间的关系。研究表明，与每晚睡 8 小时的青少年相比，每晚睡眠时间经常只有 5 小时或更少的青少年罹患抑郁症的风险要高 71%，产生自杀念头的概率要高 48%。此外，与入睡时间在晚 10 点或更早的青少年相比，经常半夜 12 点以后睡觉的青少年患抑郁症的概率要高 24%，产生自杀念头的概率要高 20%。

然而在中国，仅有 2% 的抑郁症患者接受过治疗，大量的病人得不到及时的诊治，病情恶化，甚至出现自杀的严重后果。另一方面，因为大多数的父母缺乏相关的专业知识，所以经常误以为孩子在闹情绪，因此不能给他们提供情感上的支持，从而致使孩子的病情进一步恶化。就抑郁症的治疗而言，发现得越早，康复得就越快。所以身为父母，需要常常关注自己的孩子，孩子的心理可能比成人更加敏感，也更加容易受到伤害。

青春期个案
QINGCHUNQIGEAN

我不是爸妈的亲生孩子

张萌萌在 18 岁生日这天知道事情真相的那一刻，她的心碎了。十几年来，她一直以为爸爸妈妈最爱的是自己，可是当他们说自己是领养来的孩子时，张萌萌根本就无法接受这样的事实。在这个家里面，她一天天长大，可是现在，她却觉得这里不再属于自己，或

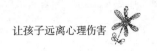

许自己就不曾真正属于过这里。

尽管爸爸和妈妈口口声声说他们还是会把萌萌当成是自己的孩子看待，可是萌萌却听不进去他们说的话。萌萌责怪爸爸妈妈为什么把这件事情告诉她，她无法接受自己深爱着的父母其实和自己没有一点血缘关系。就在突然之间，萌萌觉得自己似乎被爸爸妈妈抛弃了，他们把自己丢在冰冷的黑暗之中，自己无法再回来了。

从此之后，萌萌像是变了一个人一样。早晨起床吃早饭的时候，她几乎不说一句话。尽管妈妈对她的关怀依然像过去一样无微不至，可萌萌依旧是一副冷冰冰的面孔。有时候，还会无缘无故和爸爸妈妈发火顶嘴。有一次她听到妈妈对爸爸叹气说，不应该把这件事情告诉她，尽管那样是欺骗孩子。

尽管爸爸妈妈对萌萌的感情一点没有减少，可是萌萌却在一天天地发生变化。不论在家还是在学校，从前那个整日欢声笑语的萌萌不见了，取而代之的是沉默寡言的她。放学一回到家，她都会把自己关在房间里面，每天晚上都会在哭泣中睡去。有一次，妈妈偷偷地翻开萌萌的画册，结果发现她竟然画了满满一册的各种自杀的图画。

爸爸妈妈已经意识到了问题的严重性，他们说服了萌萌，带她去看心理医生。诊断结果出来后，爸爸妈妈才知道原来自己可爱的女儿竟然得了抑郁症。爸爸急忙咨询医生病因在何处以及怎么治，医生说解铃还需系铃人，萌萌对自己是领养的孩子这件事情的看法太过极端。现在，爸爸妈妈需要做的事情就是想办法让她能够做到平和应对，否则萌萌的病情只会越来越严重。

其实，萌萌之所以发病，爸爸妈妈错就错在选择了不恰当的时机来告诉她这件事情。青春期的孩子还没有来得及去理解这件事情，就已经被自己制造出的愁绪困扰住了内心。

发生在青春期孩子身上的抑郁症诱因有很多，家长要时时刻刻对这些可能引发严重后果的因素多加注意，由此才能做到防患于未然。

这些诱因主要有：

1. 十二岁以前有失去对自己有重要意义的人的经验；

2. 儿童时期身体或精神有被严重虐待、疏忽的经验；

3. 有家族抑郁症、酒瘾、药瘾或精神疾病史；

4. 孩子本身有较严重的慢性生理疾病；

5. 孩子的生活情境出现不良的沟通或孩子不清楚冲突如何解决与表达；

6. 孩子没有学习或发展出解决问题的能力；

7. 承受着比其他多数孩子更多的来自于生理、情感或社会的压力。

一旦家庭中出现了变故，那么我们的孩子就有患上抑郁症的可能性。

作为家长，更需要了解青少年抑郁症的具体表现有哪些，从而做到对症下药。

1. 持久的忧愁、焦虑或心境空虚，时常感叹"无聊"或者"没劲"；

2. 对以前感兴趣的活动丧失兴趣，比如本来很喜欢打球，可是现在谁也叫不动他再去球场；

3. 过度地哭泣，晚上在泪水中睡去，早上枕巾也是湿的；

4. 不安和焦躁，脾气变得古怪；

5. 注意力和作决定的能力下降；

6. 精力不足，看上去很疲倦，双目无神；

7. 有想死或自杀的想法或尝试过；

8. 罪恶感、无助感或者无望感增加；

9. 由于进食增多或减少致体重或食欲发生变化；

10. 睡眠变化；

11. 社交退缩，就喜欢整天窝在自己的房间里；

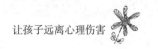

12. 标准治疗仍不能缓解的躯体症状（如慢性疼痛、头痛）。

青春期的孩子全都处于学习的阶段，如果父母因为一时的粗心没有意识到孩子在日常生活中的变化，那孩子在学习上的改变，也会是很突出的信号。

当孩子出现以上症状的时候，父母千万不能小觑。为了防止孩子真的掉进抑郁症的陷阱，一旦发现有不良症状，一定要及时关心、及早治疗。

是谁让她成了家中多余的那个人

小小6岁的时候，父母就离了婚。她跟着母亲过，已经有六七年的时间了，在小小的成长轨迹中始终没有父亲的身影出现。母女两人虽然经济上不太宽裕，但两个人相依为命，也生活得很幸福。等母亲再婚的时候，面对突然闯进自己生活的继父，小小觉得自己像是被扔到垃圾箱里面的旧玩具一样，失去了妈妈的关注和爱。

后来，妈妈又生了一个妹妹。自此之后，小小能够明确地感受到，母亲对她更加忽视了。继父也不喜欢小小，她觉得自己在这个家里开始变成最多余的那一个人。

生活的艰辛给小小本该快乐的童年生活造就了很多缺失。有了小妹妹之后，母亲和继父每天都在变着花样哄妹妹开心，小小心里面很不平衡。因为妹妹小，片刻都离不开人，母亲就没有时间照顾自己，12岁的小小不得不学着自己做早餐、自己洗衣服，周末还要帮助妈妈打理家务。生活上的磨难，让小小变得早熟的同时，也使她的性格变得越来越孤僻。每到周末，她宁愿借宿在学校也不想回到那个感受不到爱的家。

妈妈有一次看到了小小非常糟糕的成绩单，对她一阵责骂，小小把自己锁在房间里面哭了很长时间。她想不明白为什么妈妈不再喜欢自己了，难道只因为有了妹妹？为什么妈妈除了学习成绩再也不会关心她的其他方面了？她想睡去，再也不愿意想这些事情，可是脑子里面总是出现妈妈咒骂自己的画面。这个时候，小小想起了妈妈以前常吃的安眠药。年少无知的她倒出一把安眠药放到嘴里之后，就沉沉地睡去，再也没有醒过来。

其实，从小小的家庭背景和教育来看，这样的孩子患上抑郁症的几率确实很大。自从父母离婚后，小小就失去了父爱，母亲再婚后对小小的关心不够，正是把小小推向死亡深渊的最初杀手。与其说小小主动选择了离开这个家庭，不如说是在这个家庭系统中，小小被动地逐渐被边缘化，直至最终感到自己是个多余的人而选择离开了这个家庭。

孩子是忠诚于自己的家庭的，她对母亲的爱也是由衷的，当她感到自己的存在毫无价值，并且只会给家人带来麻烦的时候，她会以牺牲自己的生命为代价表达内心的这份爱——我从这个家庭中消失，以便给大家轻松和愉快。

有些家庭有两个孩子，家长往往会把注意力更多地放在年龄更小的孩子上，从而忽略了大孩子的内心感受。家长的借口是小孩子需要更多的照顾，而大孩子已经有能力照顾自己了。其实每个孩子都需要父母的爱，这种忽略会给孩子造成成长中精神方面的营养不良。尤其对于小小这样原本处于单亲家庭中的孩子，本身自卑、敏感，如果受到冷落，再加上一些不良的教育方式，很容易产生心理问题。因此，不论家中有几个孩子，父母都应该尽最大的努力去平衡每一个孩子应该得到的爱。

专制型家长要求孩子事事都要服从自己，面对家长的霸权，孩子往往是敢怒而不敢言。从此在心中积压着的越来越多的抑郁之情得不到抒发，也会形成抑郁症。因此，平等民主的家庭环境利于孩子的自我表达，家长也会听取孩子的合理意见，在良好的沟通模式下，孩子的情绪能得到及时的宣泄，也就不会积压抑郁情绪。

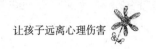

互动专区
HUDONGZHUANQU

1. 怎样才能看出孩子得了抑郁症？

家长：我女儿总是郁郁寡欢的样子，很少看到她笑。会不会得了抑郁症呢？有什么可以参考的诊断标准吗？

答：抑郁自评量表（SDS）目前在各大医院中被广泛使用，可以让孩子仔细阅读下面二十条文字，把意思弄明白，然后根据最近一星期的实际情况做 A、B、C、D 四个等级的判断：A——没有或很少时间；B——小部分时间；C——相当多时间；D——绝大部分或全部时间。

（1）我觉得闷闷不乐，情绪低沉；

（2）* 我觉得一天之中早晨最好；

（3）我一阵阵哭出来或觉得想哭；

（4）我晚上睡眠不好；

（5）* 我吃得跟平常一样多；

（6）* 我与异性亲密接触时和以往一样感觉愉快；

（7）我发觉我的体重在下降；

（8）我有便秘的苦恼；

（9）我心跳比平时快；

（10）我无缘无故地感到疲乏；

（11）* 我的头脑跟平常一样清楚；

（12）* 我觉得经常做的事情并没有困难；

（13）我觉得不安且平静不下来；

（14）* 我对将来抱有希望；

（15）我比平常容易生气激动；

（16）＊我觉得作出决定是容易的；

（17）＊我觉得自己是个有用的人，有人需要我；

（18）＊我的生活过得很有意思；

（19）我认为如果我死了别人会生活得好些；

（20）＊平常感兴趣的事我仍然照样感兴趣。

计分：正向计分题A、B、C、D按1、2、3、4分计；反向计分题按4、3、2、1分计。

带＊号的为反向问题，反向计分题号：2、5、6、11、12、14、16、17、18、20。

总分乘以1.25取整数，即得标准分，分值越小越好，分界值为53分。53分以上即有罹患抑郁症可能。

2. 和得了抑郁症的孩子玩，会不会被"传染"？

家长：邻居小王家的孩子得了抑郁症，这些天看小王两口子为了孩子的病都快操碎心了。我告诉孩子，这些天不要去找小王家的孩子玩，万一被传染上了怎么办呢？可是，这孩子却不听我的话，总惦记去找这个孩子玩。这可如何是好？

抑郁症被称为"心灵上的感冒"，它和身体上的病变不同，没有特效药，治疗期也不可预估。这位家长的担心虽然可以理解，但患有抑郁症的孩子本身就已经非常不幸了，我们不应该更不要去歧视他们。

抑郁症的一种表现就是惧怕与社会接触。很多情况下，大人们往往很难走进孩子的内心。和同龄人在一起，可以使他们获得更多的认同感和心灵上的自由。一个阳光、快乐的孩子可以把自己身上的阳光照射到抑郁症孩子的心中。对于那些患有抑郁症的孩子，社会多给他们一份关爱，他们就有早一天走出心理阴影的希望。虽然这样的孩子看上去对其他人很排斥，但是他们的内心更加渴望别人

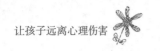

的关心。

可能由于从小在一起的缘故，孩子想主动去接触这个不开心的孩子，或许他感觉自己有能力帮助对方，可以让他去尝试。然后了解一下他们之间沟通的结果，如果孩子在社交中碰了钉子，慢慢自然就会放弃交往。

3. 孩子总把"没劲""无聊"挂在嘴边

家长：孩子最近总说"没劲""无聊"，看上去有些抑郁，我该怎么帮助孩子调整他的状态呢？

孩子的生活状态发生改变，肯定有一定的原因，想办法去了解孩子为什么发生这样的改变是关键，之后才能有效去引导。

在饮食上，可以让孩子多吃一些谷类、鱼类、绿色蔬菜、蛋类等富含维生素 B 和氨基酸的食物，也可以多让孩子吃巧克力，这些食物可以帮助孩子的心情得到改善。

但真正需要做出改变和努力的还是孩子，可以鼓励孩子做自己感兴趣的事情，即便没有成功，也能够获得心理上的满足感，这对于摆脱抑郁症也有裨益。

可以制定一个切实可行的目标计划，通过一步步地去实现这个计划，从而获得足够的成功的喜悦。

让孩子去接触一些积极向上的事物。不论是一个人、一首歌还是一部电影，都可能产生巨大的力量。这些力量有没有影响到自己的生活先不要去过多考虑，重要的是，我们在主动去探求的过程中，已经向积极的方向前进了一大步。

如果孩子的抑郁状况很严重，那需要到医院的精神科进行诊治，抗抑郁的药物虽然能够减轻抑郁的症状，却不能够治疗引发抑郁症的心理问题。只有心理治疗，才是治本措施。因此，可以在服用药物的同时，去心理咨询机构接受专业的心理治疗。

作为家长，要意识到孩子表现出来的疲惫感、无价值感、无助感和无望感是疾病的症状，是可以治疗的。抑郁症并不可怕，可怕的是对治愈疾病失去了信心。

尽量减轻孩子生活中的压力，保持孩子的身体健康，可以监督其有规律地锻炼身体，体育运动对缓解抑郁有着很重要的积极影响。

在抑郁症缓解之前，不要为孩子做任何重大的改变。患有抑郁症的孩子会消耗掉家长很多的心理能量，但是，只有家长的心理能量足够强大，才能对孩子施以积极的影响。

发生在青少年身上的抑郁症和成人抑郁症有着显著的区别。因为诱因比较单纯，所以想要康复也并不是太困难的事情。

4. 家长如何有效预防孩子的抑郁症

家长：我的孩子现在很少出门，也不怎么和我们沟通，即使敲门也很容易发脾气，请问这是不是有些抑郁症的表现了？作为家长应该如何针对孩子进行有效预防呢？

孩子因为一些小事就会反抗父母，也很少与周边人进行沟通，这些是抑郁情绪的初级表现，再严重就会出现长期性的消极情绪、厌恶自我和社会，学习成绩也会直线下降甚至伴有自残倾向，发展为中度、重度抑郁症，就不太好解决了。

如果刚刚发现孩子有这方面的行为表现，家长要注意控制好自己的亲子关系：

（1）对于孩子的学习成绩关注有度，避免孩子认为家长关心成绩胜于关注孩子的内心感受，尽量做到平等沟通，不忽视也不溺爱。

（2）当孩子情绪已经有明显变化，不愿意主动沟通时，家长要和班主任老师、任课老师及其他与孩子经常联系的人多了解情况，然后针对问题与孩子逐步沟通，慢慢打开孩子的心结。

（3）如果孩子症状明显并能主动求助，家长要更大程度地给予孩子足够的帮助，比如精神上的鼓励、生活环境的改造等，对孩子自身认为存在障碍的因素予以有效调整，必要时，尽早带孩子去专业机构寻求专业医生的帮助。

5. 家长脾气失控是否会引发孩子抑郁？

家长：我的妻子情绪特别暴躁，考虑到孩子的健康，请问应该怎样避免对孩子造成影响？

家长脾气失控，会对孩子造成很多不良影响：轻度后果，孩子逆反、消沉、多疑；中度后果，孩子成年后脾气暴躁，爱抱怨或抬杠，为人苛刻；重度后果，严重抑郁症、性变态。

所以，家长要时刻记住以下几点：

（1）切记不要在孩子面前发生争执。

很多人火气较大，一旦动怒啥都不会顾及，即使孩子就在眼前，也会直接破口大骂，甚至大打出手。如果夫妻两人长期在孩子面前争吵，可能会造成孩子敏感多疑的性格，这些都极大可能会引起孩子抑郁，因此，切记控制自己。

如果你很难控制自己，建议你学习下"半小时效应"。也就是说，给自己立个规矩，不管有多愤怒，都不马上发作，即便无意中发作了，也要马上收住，告诉自己等半小时，一切都等到半小时后再说，且最好不要和孩子在一起。

实际上，脾气是一种激情，爆发都是瞬间的事，挨过半小时后，人就会变得理性，该怎么样做不该怎么样做，基本上就明白了。

（2）实施"字条攻略"。

觉察到火气来时，写两张字条。

第一张讲述自己的坏脾气，把它的后果淋漓尽致地写出来，此字条象征自己的坏脾气。

第二张写下自己改变坏脾气的愿望，以及有提醒作用的一两句话，此字条象征自己的决心。然后把第一张烧毁或撕碎，意味着把坏脾气全部埋葬。

把第二张贴到自己方便看到的地方，规定自己不管在什么情况下，只要想发火，必须先跑去看过这字条，看完了再决定发不发火。或已开始发火，突然想到字条，也要跑去看看。如此，坏脾气一定能被有效抑制。

16

"怎么控制不住我自己了？"
——帮孩子走出强迫症的纠缠

这种控制不住去做或者思考某件事，并为之感到痛苦的行为，在心理学上被称为强迫症。患有此病的患者总是被一种强迫思维所困扰，在生活中反复出现强迫观念及强迫行为。患者自知力完好，知道这样是没有必要的，甚至很痛苦，却无法摆脱。强迫症多发病于青春期，是一种难以治疗且干预较差的精神疾病。其病因及发病机制至今仍不太清楚，治疗也一直是精神科比较棘手的问题。

美国一项统计显示，人群中每40人中就有一个强迫症患者。如果按这个比例计算，中国的患者数目可能会达到几千万！英国一家权威机构曾调查得出结论，在英国有100多万的强迫症患者存在，并且青少年患病的概率明显要高于成人。相应的，青少年时期患有强迫症之后，在成年之前只要进行合理引导都可以康复。在青少年时期，强迫行为多于强迫观念，年龄越小这种倾向越明显，强迫症多见于10—12岁的儿童。

20 世纪 80 年代早期，美国国家卫生研究所通过大规模的调查发现，强迫症甚至比常见的情感障碍、惊恐障碍的患病率还要高，每年因治疗强迫症要花费 8.4 亿美元。强迫症与抑郁症一起，被列入严重影响人们生活质量的四大精神障碍之一，成为 21 世纪精神疾病研究的重点。

因此，家长们要注意，当你的孩子特别专注于清洗、清洁、数数和检查时，并且因为他们的这些"习惯"造成了与家人以及同学的关系紧张，而他自己又无法自控时，孩子很有可能是患上了强迫症。

青春期个案
QINGCHUNQIGEAN

儿子爱干净，竟是"强迫症"

在外人看来，张强是一个爱干净的男孩子。不管什么时候见到他，他总是穿着洁白的衬衫，身上找不到一丁点的灰尘。甚至刚开始的时候，妈妈都为有这样一个孩子感到自豪。当别人家的妈妈整天忙着给孩子洗脏衣服的时候，张强却都是自己把衣服换下来洗干净。虽然有时候衣服并不脏，但张强依旧坚持每天都换洗衣物。妈妈以为这是儿子爱清洁的原因，也就没有多说什么，如此自己反倒还省下了不少气力。

然而有一次，张强因为意外吃坏了肚子，妈妈陪儿子去住院。不知道是孩子反应过度还是怎么回事，当她刚想要伸手触摸儿子的额头想要看看他还发不发烧的时候，张强却本能地躲开了妈妈的手。妈妈不知道怎么回事，张强却让妈妈赶紧去洗手，直到妈妈在洗手间洗过手之后，张强才极不情愿地让妈妈摸了摸自己的额头。

回到家之后，张强对清洁工作更加热衷了。在他看来，屋子里面的一切都蒙上了一层脏兮兮的阴影。如果妈妈哪天不打扫一遍，放学后的张强宁愿站在屋子外面。没办法，妈妈只得把原本就已经干干净净的屋子再次拾掇、清理一遍。前前后后折腾了一个小时，张强才万分小心地坐在沙发上。

吃饭的时候，碗筷又出了问题。张强把碗筷放到锅里面煮了又煮，妈妈问他在干什么，他说在消毒。上厕所的时候，张强一遍遍地冲着马桶，之后才肯坐下来。甚至在开门之后，他都要洗好几遍手，由于怕洗不干净，他甚至用消毒液来洗手。这样爱干净的程度，让妈妈开始无法接受。母子之间的冲突也开始频频发生。

有一天，妈妈上网浏览新闻的时候，不经意地发现了一个令她为之一颤的名词——洁癖。妈妈终于明白，儿子是患上了洁癖才会如此"爱干净"。怪只怪自己发现得晚，才会使孩子的病情到了如此严重的地步。

后来，妈妈向做医生的朋友咨询了一下才明白，所谓洁癖，原来属于强迫症的一种，儿子患上的是一种心理疾病。

洁癖所带来的危害远远超过益处。我们日常接触到的众多细菌中，有很大一部分对我们的健康有着至关重要的作用。如果不加选择，对其进行全部绞杀，就会降低自身的免疫力和适应性，从而给有害的细菌打开了一路通行的绿灯。

这一点反倒在其次，对于张强来说，他患有的洁癖在概念上属于强迫症的一种。强迫症，多表现为明知不必要，但是又无法摆脱，以至于反复呈现出相关的观念、情绪和行为，并且已经影响到身边的人际关系。

强迫症的成因也是多方面的。

1. 在强迫症的成因中，社会心理因素占据很大的比重。

对青春期的孩子来说，社会因素造成的心理压力主要来自学业，间或有一些情感危机。因为对社会的认知尚浅，认知上难免会存在一些误区，会造成某些观念被不断强化且持续存在，以至于形成了强迫症。家庭不和、丧失亲人或受到突然的惊吓等，也是造成强迫症的重要因素。

2. 有些强迫症是天生遗传的。

如果孩子的父母一方患有强迫症，那么孩子患病的几率就高达5%—7%，这比社会平均水平要高出许多。所以，患有强迫症的人，多存在家族遗传史。

3. 过度追求完美的强迫人格可能会引发强迫症。

患者自身的强迫人格也可以引发典型的强迫症病症。这一点主要表现为，孩子力图要保持对自身和周边环境的严密控制，过度注重细节甚至力求完美。最常见的情况是，许多事情已经几乎无懈可击了，他们依旧认为存在诸多的不完美之处，并由此而产生不安全的感觉。

对于以洁癖为例的强迫症，家长在平时的教育中应注意：

1. 不要对孩子的清洁状况过分苛求；

2. 找出孩子洁癖的原因，用科学知识消除误解；

3. 让孩子学会控制行为；

4. 教孩子改变思维方式，先做主要事情；

5. 对孩子好的行为给予及时的表扬和奖励。

对于强迫症，家长在帮助孩子矫正的时候要使用循序渐进的方式。让孩子把自己害怕的东西和场景、经常做的事情详细地由重到轻写出来，然后每天都从最容易的事情着手进行自我改变。针对洁癖来说，每天减少一次洗手的次数和时间，就可以逐渐缓解洁癖所带来的生活障碍。对于其他种类的强迫症来说，这也是一种最好的自我控制方法。

如果自我治疗起不到良好效果，父母应该尽早带孩子去看心理医生。

她想掐死小妹妹

小艾的姑姑给她生了一个小妹妹。可是，身为大姐姐的她，并不喜欢这个孩子。因为姑姑产假之后还要上班，所以就让小艾的妈妈帮忙照顾宝宝。因此，妈妈就不得不把很大一部分对小艾的爱转移到新生的孩子身上。

以前，每天早晨小艾都是被妈妈从被窝里面拽到餐桌吃饭，可是现在妈妈每天都要围着宝宝转，没太多精力管小艾了。她不得不早早爬起来做早饭吃，甚至连离家去上学的时候都很难得到妈妈的一句送别话。

有一天，宝宝生病了，而妈妈也被宝宝传染了，小艾又接下来被妈妈所传染。尽管小艾很短的时间内就恢复了健康，可是这件事情给她留下了极大的阴影。每次妈妈从姑姑家回来的时候，小艾都强迫妈妈第一时间去卫生间洗手。她认为，婴儿就是一颗定时炸弹，迟早有一天会害死全家人。尽管妈妈多次强调小艾的这种想法完全是杞人忧天，可是她却无法控制自己往更坏的方向去想象。

小艾越来越不愿意看到姑姑家的孩子，甚至已经开始讨厌其他新生的婴儿了。在她看来，只要姑姑家的小宝宝存在一天，她就多一天的危险。

有一次，小艾梦到自己亲手掐死了姑姑的孩子。她从梦中惊醒，然而这样的梦境却久久挥散不去。尽管她知道这是不可能发生的事情，尽管她尽量控制着自己不去想这件事情，可是梦中的场景却一遍遍地在小艾眼前冒出来。小艾真的害怕自己万一哪一天没有控制住情绪而刺伤了孩子，现在她根本就不敢碰剪刀和菜刀。

姑姑家的孩子，对大家来说是快乐和幸福，而对她来说，却成了罪恶的梦魇。

很多强迫症患者都起病于青少年时期，这不但严重影响了其正常的学习和生活，还会对其以后的社会角色产生严重影响。因为家长对这种疾病认识的局限性，所以延缓治疗的现象比较普遍。

从小艾患上强迫症的原因来看，一是母爱的缺失导致的心理不平衡，二是因为被宝宝传染上了疾病而造成的心理阴影。

在小艾的潜意识里面，一直认为姑姑家的小婴儿是个危险体，她不仅是个和小艾争夺爱的敌手，也是一个制造疾病的传染源。小婴儿不仅可能要了小艾的"精神生命"，还可能要了小艾的"生理生命"。

小婴儿使母亲注意力转移，给小艾造成了母爱的缺失。和母亲长时间的疏离，造成了小艾有被遗弃的感觉，正因为这样才会造成小艾对小妹妹的偏见。再加上后来因为受到婴儿的传染得病的这个诱发因素，小艾则把对妈妈的不满转移到了婴儿身上。

此时，母亲需要做的是，尽量分出一些精力来照顾自己的孩子，告诉她妈妈依然爱着她。在每天照看婴儿回家的时候给小艾买一些小礼品，并且可以给她讲一些小妹妹的趣事来唤起小艾当姐姐的积极性，夸奖小艾为协助妈妈照顾小妹妹而做的努力，让小艾意识到自身的价值感。

同时，给她讲解一些病理上的知识，消除和纠正小艾的错误认识。当孩子在爱和知识中得到了满足之后，强迫症状也就有所缓解了。

互动专区
HUDONGZHUANQU

1. 怎么样让孩子避免患上强迫症呢？

家长：强迫症如此可怕，严重的时候还会造成生命危险。那么，身为父母，对孩子的成长应该提出什么样的建议，从而可以避免孩

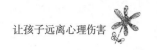

子患上强迫症，或者是减轻强迫症的影响呢？

强迫症的成因复杂，但如果从小就注意孩子的个性和性格培养，就可以大大降低患上强迫症的几率。

作为父母，对孩子不要过于苛刻地要求，不要让孩子去过于追求完美，这样可能会使孩子进入一个极端。

建议孩子多参加一些集体活动，培养生活中多样的爱好，做自己有兴趣的事情。不要强迫孩子做他不喜欢的事情，让孩子按照他的本性去发展自己。

注重孩子的心理卫生问题，多教给孩子一些应对压力的积极方法和技巧，从而增加他的自信心，培养其敢于承受挫折的良好心理品质。

2. 如何判断孩子是不是患上了强迫症

家长：在没有专业医师的帮助下，如何判断孩子或者他人是不是患上了强迫症呢？

我们知道，每个人身上都有强迫症的影子，但并不是说每个人都是强迫症患者。强迫症包括强迫思维和强迫行为两类。强迫思维包括：强迫性穷思竭虑、强迫性疑虑、强迫性对立观念等。强迫行为包括：强迫性动作、强迫性洗涤、强迫性询问和强迫性计数等。不管是强迫思维还是强迫行为，当事人都会非常痛苦，本人很想摆脱，却无法控制自己，似乎头脑不听自己的使唤。这些行为，还很有可能带来人际关系的损坏，别人可能因为无法忍受这样的行为而与当事人产生冲突和情感的疏远。如果发现孩子或者他人有上述行为，可能就患有强迫症。

3. 强迫症怎么治疗？

家长：强迫症的成因有没有生理上的因素呢？想要治疗强迫症，

作为家长应该遵从什么样的科学指导呢？

强迫症患者的大脑里有一部分属于不活动区域，这部分区域主要包含与决策和行为有关的眼眶额叶皮质。英国剑桥大学神经学专家塞缪尔·张伯伦说，如果大脑的这部分区域没有活跃起来，那么这个人就有罹患强迫症的危险。强迫症就像中了病毒的电脑，CPU 无法得到休息，总是被某种无关的程序占据，直到耗尽全部的资源。

因此，孩子的强迫症发作的时候，家长必须予以及时控制，从而避免更危险的情况出现。

1. 行为疗法。当孩子的强迫症发作的时候，可以促使其有意识地用手腕上的橡皮筋来弹自己，从而克制强迫行为，通过外力的作用来阻止强迫症的发作。从国外现有的资料来看，一般认为参与示范比被动示范的治疗效果更好一些。因此，在这个过程中，家长不但是监督者，更是整个事件的参与者。

2. 森田疗法。森田疗法是治疗强迫症比较好的方法，"顺其自然，为所当为，不治而治，事实为真"是森田疗法的精髓所在，而如何正确地理解"顺其自然"这四个字则是治疗是否有效的前提条件。

强迫症产生的根源就是"怕"，正是因为存在各种恐惧，才会导致不断重复地去做某事。怕的时候要怎么应对，"顺其自然，为所当为"，也就是说不要刻意去强化强迫症的观念，转移注意力，做应该做的事情，才会得到"不治而治，事实为真"的结果。

家长在这个过程中要做的工作是不要刻意让强迫症孩子寻求改变，顺应其性情，等他确认自己所担心的事情根本不会出现的时候，强迫症的症状自然就会减轻或者消失。

3. 认知疗法。认知疗法要求患者在家长的帮助下认识到头脑中这些不合理担心的错误性。但因为长期以来的恐惧已经深入到潜意

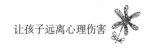

识中，所以想要一朝一夕改变，并非易事。《脑锁》这本书是专门通过认知来解决强迫症问题的，可以参考。家长和孩子应该结成战略同盟，在家长的监督和指引下，共同从改变一点一滴的小习惯开始，结合行为疗法的相关技术，改变旧习惯，建立新习惯。

4. 家长不当行为会给孩子留下强迫症隐患

家长：在了解了强迫症的相关知识后，我基本能判断出孩子是否患有强迫症，同时，我也想知道，家长的哪些不当行为会在无形中给孩子留下强迫症隐患呢？

家长总是对孩子提出更高要求，比如孩子的穿衣戴帽、日常卫生细节包括文字书写工整度等，希望孩子可以出类拔萃。这一点虽然能够理解，但是过度的关注和要求，的确会让孩子产生压力，久而久之因为来自父母的要求而让自己过于追求完美，最终形成强迫症。

而家长之所以出现这种针对孩子的超高要求，也与其对自身的过度苛求有关。比如家长自己也以更高程度要求自己，这必然就会反过来影响孩子，俗话说，有什么样的父母就有什么样的孩子。如果家长能够首先放下对自己的严苛要求，然后再去观察孩子的行为习惯，这样也许才能更好地帮助到孩子。

5. 强迫症可以治好吗？

家长：我家有患强迫症的女儿，目前也在寻找好的治疗机构，不知道孩子得了强迫症是否能最终治好？

强迫症的治疗方式主要包括心理治疗和药物治疗。暴露与反应预防疗法可能是治疗强迫症最有效的方法。但是目前关于治疗的研究结果不尽一致，很多患者并没有因为接受这种疗法或药物疗法而康复。药物治疗可能在几个月以后才能达到最好的效果，过早停药复发的现象也非常普遍。

当然，家里有了强迫症成员，我们也要积极面对，要积极配合治疗，一起学习什么是强迫症，同时，认识家庭环境、父母教养方式在强迫症形成与维持中的影响力，尝试改善家庭环境。

17

"活着真没劲！"

——警惕青少年自杀危机

周末的一天，我正准备去商场购物，手机上忽然收到一条信息：老师，我刚刚想跳楼，被我妈妈硬拉了回来。之后，我妈妈又对我说，你去死吧，去死吧，我陪你一起死！

那是我在学校做心理老师才一个月时遇到的事情。从第一次给孩子们上心理课，我就对他们说，以后有什么问题可以给我写字条。有一天，刚上完心理课，一个孩子塞给我一个非常窄的小字条，我回到办公室打开一看，上面写着：老师，明天会和今天不一样吗？我感觉太累了！

一个才小学六年级的孩子，内心状态上已经暮气沉沉，这如何能不让人担心！

近年来中国青少年自杀的比例呈上升趋势，并且呈明显的低龄化趋势！青少年死亡的第一原因不是医学上束手无策的疑难病症，也不是交通事故，而是自杀！

《中国儿童自杀报告》的数据显示，中国儿童自杀原因中，学习压力过重排第一位（占 45.5%），其次为早恋（占 22.7%）和父母离异（占 13.6%）。另外，全国中小学生精神障碍患病率为21.6%—32.0%。种种迹象显示，孩子们的心理健康亟须关注！

含苞待放的花朵，接二连三在自我毁灭中夭折，都是什么原因导致这些花朵过早地凋零？作为家长，我们该注意什么，又该认清什么呢？如何才能减少和避免相同的悲剧再次发生？

追究青少年自杀的原因，我们发现很难将这些悲剧的责任归咎于某个人或某个特定的部门。频繁的青少年自杀事件显然已不是一个人或一个部门就可以负责的。我们必须反思，当代青少年的心理为什么如此脆弱？他们又有哪些不能承担之重？

青春期个案
QINGCHUNQIGEAN

吃人的高三生活

2009 年 3 月 17 日，某校高三女生小蕾从教学楼 5 楼跳下，但幸运地保住了一条命。

小蕾跳楼自杀一事发生三个月前，该校年级排名第五的复读生小勇猝死课堂。当小蕾在医院接受手术时，该校另一名高三女生晕倒在课堂上。

此高中很快成为众媒体关注的热点。对于这一惨剧，最容易看到的一个原因是该校的一份"魔鬼作息时间表"：

早上 5 时，起床；

5 时 20 分，1500 米长跑；

6 时—7 时，早自习；

7 时，早餐；

7 时 30 分—12 时，5 节课，第一节课开课前要宣誓："我们是喷薄的旭日，我们是奔腾的激流……我要用辛勤的汗水播种希望，我要让父母的微笑在家乡绽放……我坚信，奋力拼搏，金榜题名，笑傲六月，铸就辉煌"；

12 时，上午 5 节课上完后，高一高二学生可以在午饭后进寝室休息，高三学生回教室上自习；

14 时 10 分—18 时 20 分，5 节课，其中 17 时 40 分后的第五节课为课外活动时间，高一高二学生可外出活动，高三学生则在班里自习；

19 时—23 时，晚自习。

作为毕业班的学生，小蕾还要面对名目繁多的考试：几乎每天都有单科考试，每周都有全年级的综合性考试，每月都有专门的月考，此外还有例行的模拟考试和期中期末考试。

并且，每一次考试成绩，都会在教室内张榜公布。在班级中，小蕾在第三次月考中排名第七，而第四次月考排名第四十七。

据小蕾回忆，3 月 17 日那天晚上，老师把考试成绩公布在黑板上。看到自己越来越退后的成绩，她心里特别乱。感觉自己虽然努力了，但还是没有尽全力，上课老是打瞌睡。自己学不好，对不起父母，对不起老师。也不知道自己的未来在哪里。

她想了很多，但又好像什么也想不动了。到最后，感觉实在累得受不了了，只想马上解脱，再也不用去想学习的事，不用去想学校的事。后来，完全迷糊了，也不知道怎么回事就干了傻事……

在医院里，妈妈哭着问她："你跳楼之前就没有想到过妈妈吗？""我当然想了，而且想了很久。我不断地想：如果我死了，爸妈怎么办？但是在成绩下来的那一刻，我就感觉再也想不动了。我实在太累了，根本没有一点力气再去想了……"

从上面这份时间表我们可以看出，高三孩子休息的时间只有可怜的 6 小时，如果再算上上厕所和洗漱洗衣服等琐事（难道这不是必要的吗？）占用时间，那么可能休息时间仅为 5 小时左右！每天、每周、每月无休止的考试、评比、宣誓，怎么能不让孩子接二连三地倒下？！这样令人窒息的学习生活，又怎能不让孩子主动或被动地选择自杀？！

小蕾就读的高中还是一所该省有名的素质教育示范高中，连连发生这样的事情让人不得不深思，难道这是一个个别现象吗？我们的孩子在高考这个问题上承担着怎样的压力啊！

在千军万马过独木桥的高考前，学校为了竞争，往往都采取高压手段，却忽略了孩子基本的身体健康和心理承受能力，这样的悲剧绝对不是偶然的。

学校用简单的高考升学率来评价孩子的成就，社会也用简单的高考升学率来评价学校的教育成就，这是需要调整的关键点，需要全社会的共同努力。

另外，社会、学校和家长对高考都存在着过分的焦虑，如全社会性地打出高考倒计时的牌子，有的家长则绞尽脑汁将原本成绩平平的孩子往重点学校、重点班级里送，是否有这个必要？要知道，过度的焦虑会让孩子发挥不出正常的水平，反而使得学习成绩下降。

现在很多家长还有一个误区，认为孩子考上重点大学，毕业以后一定会有一个好的职位、不错的收入，有很多的社会尊重，因此过于关注高考。事实上，如今的高等教育已经越来越平民化、普通化了。接受大学教育，以后是相当多的社会成员必需的背景，而不是优秀的背景。因此，家长也要将心态放平稳，家长情绪稳定，才能对孩子产生积极的影响。

是什么样的"错"让他选择了不归路

"爸、妈，都是儿子不孝，让你们白养了我这个儿子，儿子很舍不得，今晚本来很想打个电话给你们，但是我没提起那个勇气，可能是太懦弱了，竟然选择走这一步。在这里，我希望爸、妈能够原谅儿子，不能待奉你们两老了。

在我不在的时候，你们要继续好好地生活。儿子没听你们的劝，还是犯下了这个错误，我这次离开，怨不得任何人，千错万错都是儿子的错。但是这次让儿子彻底醒悟，希望爸、妈在看到这封信时，不要去责怪任何人，是我自愿走的这条路。如果有下辈子，我希望还能当你们的儿子，但是自己决不会再犯这种错误。"

这是一个跳海自杀的大学生小林临死前一个晚上留给自己父母的遗书。他到底犯了什么大错，让自己如此内疚而选择了这条不归路呢？

原来在一天前，小林在学校后面的超市买东西。他偷偷地拆开一支标价28元的云南白药牙膏，把牙膏取出，盒子放回原处。这支牙膏，他最后没有付钱。超市老板盘货时看到了空的牙膏盒，查看了监控，发现是一个学生模样的人拿走的。下午，老板和店长到学校公寓管理科，要求找人。公寓管理科的老师没有同意。正在这个时候，小林从学生公寓楼里下来，因为前几天小林刚理了个怪怪的发型，老板一眼就认出了他。老板在公寓楼下当众质问小林，是不是拿了东西没付钱？他当即承认。不等对方多问，他甚至连圣诞节时在对方超市里偷拿了3块巧克力都说了。傍晚6点多，超市老板再次找到小林的老师，以及学校值班领导。他提出两个条件：小林偷1赔10，写书面检讨，否则报警。小林爽快地答应了。他当场拿出了480元钱，还在检讨书中说，他是自愿接受对方要求的，他深刻认识到自己的错误，不会再犯了。

早上8点多，同宿舍的同学起来时发现小林不见了，他的手提电脑在桌子上——平时，他的电脑都放在柜子里或带在身边。大家觉得不对劲。打开电脑时，看到中间夹着几张纸，不禁倒吸一口冷气：里面有遗书，还有一份班级财务清单。小林是班里的生活委员，班费由他管理。

同学们紧急寻找小林，最后在海边悬崖下的山坳里发现了他的尸体。

小林偷拿超市的东西并不是因为他缺钱买不起，至于是出于寻找刺激还是其他的原因我们暂且不论，这里我们想要讨论的是，出了这样的事情，用自杀作为代价是不是太不值得了？可不仅小林这样做了，有太多的青少年也都这样做了，有的因家长不让玩游戏机上吊自杀，有的因家庭贫困产生自卑心理卧轨自杀，有的因一门考试不及格跳楼身亡，甚至媒体还报道过有的孩子因为自己游戏中的用户名被封而自杀！

当然，各种原因的自杀中，一定幕后还有推动这一行为的种种因素，但是，我们不难看出这些自杀都具有一定的轻率性，也在一定程度上反映了这些孩子对生命缺少敬畏和尊重。

对孩子缺少生命的教育也是当代教育体制的一个致命伤，是导致孩子轻率选择自杀的一个原因。如果教育过分注重学习成绩，忽视对个体的人文关怀；偏重知识技能的培养，忽视对孩子的人格教育、心理教育和生命教育，那么，这种教育已经很大程度上偏离了教育的原本目的。

加强孩子的挫折感教育也是预防孩子自杀的一项重要工作。案例中的小林，到超市偷拿牙膏被发现，破坏了他的社会形象，但在临死前，他还恪尽职守地履行他在班级里的职责，将班级财务做了详细的交代，依然希望给大家留下认真负责的印象，可见他是多么看重他在别人眼中的形象。但是这个形象已经沾上了污点，这让他无法忍受，最后用自杀——这种极端的行为处罚了自己。

有些家长过度溺爱孩子是造成孩子轻率选择自杀的一个重要原因。在这样的家庭环境中长大的孩子，容易养成任性、自私和依赖的个性，也使他们情感脆弱，自身承受能力差，很难接受压力。因

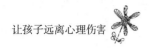

此在现实生活中遇到一点打击，就容易以自残、报复甚至是自杀等过激行为进行自我否定。

互动专区
HUDONGZHUANQU

1. 孩子不会真的有自杀的想法吧？

家长：我的孩子最近曾说过几次"上学没劲，放假也没劲，什么都没劲"，我听到这话有点慌张，看孩子整天那种无聊消沉的样子，我有点担心，孩子不会有自杀的想法吧？

很多自杀者在自杀前，大多都会谈起死亡的话题，如果您的孩子曾经说过这样的话，一定要提高警惕。有自杀倾向的孩子还会有一些其他的征兆，作为家长一定要注意以下这些行为：

（1）以前有过自杀未遂。

（2）说过要自杀。

（3）将自己珍贵的东西送人。

（4）收集与自杀方式有关的资料并与人探讨。

（5）流露出绝望、无助以及对自己或这个世界感到气愤。

（6）将死亡或抑郁作为谈话、写作、阅读的内容或艺术作品的主题。

（7）向人说过如果他走了，不要想念他。

（8）抓伤或划伤身体，或者其他自伤行为。

（9）最近有朋友或家人死亡或自杀；或有其他损失（如由于父母离婚而失去父亲或母亲）。

（10）突然性格改变、反常地中断正在进行的动作、具有攻击性或闷闷不乐，或者新近从事高危险性的活动。

（11）学习成绩突然显著恶化或好转，慢性逃避或拖拖拉拉或出走。

（12）出现如进食障碍、失眠或睡眠过多、慢性头痛或胃痛、月经不规律等躯体症状，对身边人或事物无动于衷。

（13）使用或增量使用成瘾物质。

如果孩子没有以上这些迹象，只是感觉生活无趣，那就还没有到危险的程度。但是，我们也需要警惕并进行积极的调整。

孩子感觉生活无聊，首先是因为他没有从学习和生活中获得乐趣和成就感。可以从孩子相对感兴趣的学科或者兴趣爱好入手，提供必要的支持。如孩子想学弹吉他，这样可以让他在班级里露一手，那我们就一定要支持，哪怕占用一定的学习时间，也要优先把孩子对生活的热情培养起来。

有的孩子虽然压力不大，也会感觉无聊。比如有的家长给孩子安排好了出国等人生路线，不用孩子付出太多的努力，孩子就算学习好也没有成功的感觉，反正未来都被安排好了。这就会让他丧失了动力。

引导孩子多接触新鲜事物，可以激发孩子的生活热情。比如带孩子一起去博物馆、游乐场，陪孩子一起搞小发明创造……新鲜、有趣、丰富的家庭生活，会使孩子受到潜移默化的影响，让他们体会到生活的充实和意义。

2. 女儿说送她去封闭学校就自杀

家长：我们夫妇准备将女儿送进一所全封闭学校上学，因为一是我们忙工作，没有精力照顾孩子，二是听说那里教学质量很好，升学率不错。女儿却说如果让她去，她就自杀！我们该怎么办呢？

女儿的这种"自杀"的念头只能称作心理焦虑，更大程度上是一种要挟形式，以达到她自己的目的。孩子小时候会拿眼泪来要挟父母，长大后就会拿自杀来威胁。父母为孩子做事都是出于良好的

愿望，但是也要尊重孩子自身的意愿，建议您先认真倾听孩子的心声，选择合适的沟通方式与她交流，最终与孩子达成一致的意见。孩子之所以强烈反对，一定有她的种种顾虑和原因，了解了她的想法，就可以有针对性地解决问题。

当前青少年由于缺乏必要的挫折教育和心理素质教育，容易因为一时苦闷或瞬间冲动产生自杀念头，但他们的这种念头绝对没有成人因"价值观破灭"导致自杀那样坚决，只要及时发现并进行合适的开导劝解，孩子很容易走出"自杀"误区。

3. 我该不该告诉孩子亲人自杀的事情？

家长：我的妹妹最近因为感情的事情自杀了。我的孩子和小姨的关系非常好。我听说家族中有人自杀会对孩子产生传染性的影响，那么，我该瞒着孩子还是该告诉她小姨自杀的事？怎么告诉她呢？

自杀确实有一定的传染性，而且青少年时期是人生中模仿能力最强的阶段，同时自控力和辨别能力尚不成熟。经过对一些青少年自杀案的分析，我们发现，在自杀意向、自杀方式等方面有浓重的模仿痕迹，尤其是同性别、同年龄段的同学、朋友、熟人的自杀对青少年的传染性更明显。

亲人或者朋友死亡，应该告知孩子。首先要处理好自己的情绪，先和孩子谈谈关于自杀的话题，对如何看待自杀彼此交换一下意见，让孩子知道死亡与损失是普遍存在的。

用公开而且诚实的方式来谈论自杀，能够消除孩子对于自杀者相关的内疚感和沉默，使得悲伤的过程变得容易。可以带着孩子参加小姨的丧礼，让她完成悲伤的过程。平时还可以缅怀在一起的时光，让孩子用自己的方式去纪念小姨。

有些家长在孩子至亲的人去世后，故意隐瞒孩子或者对这个自杀者闭口不谈，这是不合适的。孩子早晚会知道自杀的事情，如果知道了又不清楚自杀的来龙去脉，这会在孩子心里形成障碍甚至强化模仿的可能。情绪不能堵，只能疏导。

4. 妈妈得了癌症，女儿试图服药自杀

家长：我爱人半年前查出癌症，很快我的丈母娘也因为生病住了医院，我的女儿受不了这个打击，竟然有一次想吃安眠药自杀。多亏关键时刻自己有所醒悟，将这件事告诉了我，让我收了她的药。这件事之后，我非常紧张，生怕孩子有什么闪失。爱人的病已经成为了事实，我真的担心孩子再有什么三长两短，我还怎么活下去？

妈妈和姥姥相继生病，孩子接受不了这样的现实，有自杀的打算，这说明这两个人在孩子的心目中非常重要，她们若不在世间了，孩子的世界就面临着轰塌，所以这种恐惧让孩子有了轻生的念头。

同时，这也说明父亲在孩子生命中的位置不太重要，否则她不会这么没有留恋。这时候就需要父亲多陪伴孩子，增加与孩子的情感链接，让孩子体会更多的来自父亲的爱来预防孩子的情感世界缺失后的贫瘠。

母亲和姥姥能给予孩子"好好活下去"的祝福和信念也非常重要，病人的心理健康很重要，家属的心理健康也不容小觑，有时候家属承受的压力比病人还大。

另外，对于已经有自杀想法并且付诸行动的孩子，必须要有专业心理机构的干预，让孩子把压抑的情绪全都释放出来，缓解她积压的情绪压力，若孩子母亲承受病痛的折磨或者真的无法医治，那更应该关注孩子的心理变化，及时让专业的心理工作人员进行陪伴，更好地帮助孩子度过这段困难的人生阶段，包括亲人去世后的悲伤处理。

5. 我 HOLD 不住"死亡"这个话题

家长：我 12 岁的孩子最近对死亡的问题很感兴趣，总问我人

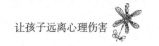

死了会去哪里、人怎么会死之类的事情，说实话，我真不愿意面对这些不吉利的事情，于是总是敷衍他。但是看得出，他不太满意，我该怎么和孩子解释呢？

其实这是对孩子进行死亡教育的一个很好的机会，为什么要回避呢？对于孩子的这个提问，有些家长会回答"死了以后会成为天使去了天堂"，有的拒绝回答，说其他事情分散孩子的注意力，有的则采取回避的态度不作过多解释，认为孩子慢慢长大会渐渐理解，这些都是不妥当的做法。有的孩子对死亡缺少必要的了解，甚至同学之间玩死亡游戏，认为好玩、刺激。比如，曾被各国互联网一度封杀的"蓝鲸死亡游戏"就令很多青少年丧生。这个游戏的参与者都是10—14岁之间的青少年，他们完全顺从游戏组织者的摆布与威胁，凡是参与的基本没有人能够活下来，而且这个游戏还在向世界范围扩张。

这些青少年之所以对生命不够珍惜，就是不懂生命的珍贵。由此可见，生命教育包括死亡教育都应该是非常需要主动对青少年进行的。

有的家长回避死亡这个话题，感觉不吉利，其实是因为内心对死亡怀有恐惧。但是，死亡是每个人不可能避免的客观事实，只能客观面对。

有的学校已经开展死亡教育，形式有：写墓志铭，去殡仪馆、临终关怀病区等场所实地感知、考察或实践，略窥死亡面貌。还有的学校让学生集体模拟写遗书，目的是引导他体验死亡，珍爱生命。家长在教育孩子的时候可以借鉴这些形式。

青少年抗挫折能力差，碰到一点问题就会表现出强烈的"死亡本能"，容易把死当作一种解脱行为。死亡教育一方面要破除其神秘性，让孩子了解相关知识；另一方面也要赋予生命神圣性，让孩子直面此事，避免悲剧的发生。

后 记
HOUJI

随着青少年心理咨询工作的深入，我越发感觉到青少年的心理问题主要都是父母问题和家庭问题的投射！

有个孩子本来学习很好，可是有一段时间闹脾气，糊弄作业，不想学习。父母将其送到我的咨询室里，孩子在和我深度交流时说："父母在闹离婚，已经分居好几个月了，有时候妈妈当着我的面骂爸爸，话非常难听，有时候妈妈还坐在我的床上不断地唠叨，我根本就没心思学习！"

有个孩子上课注意力非常不集中，忍不住总讲话。表面看上去是学习注意力不集中，等深入了解之后才知道：孩子的爸爸脾气非常暴躁，辅导作业不耐烦了，有时会扇孩子的耳光！但是爸爸的脾气为什么这么暴躁呢？是因为工作不顺利，也赚不到钱，妻子还总数落他不应该去做这个工作。在这之前本来夫妻两个一起做生意还不错，但是丈夫渐渐缺乏地位感，虽然在家庭中付出很多，可是妻子看不到，总强调自己赚钱养家方面的价值，因此丈夫单独去做生意。工作分开后，妻子一边忙本来两个人支撑的工作，还要忙家务和孩子，丈夫自己单独做生意，因为缺乏妻子的支持也不能为家庭创造更大的价值，因此夫妻争吵不断，妻子几次提出离婚，最后都因为孩子而放弃这个念头。孩子是用自己的"问题"吸引父母的注意力，将他们黏合到一起，避免家庭的破裂。

有个孩子对其他人的评价超级敏感，总怕别人说自己这样或者那样，小小的年纪，自己就承认自己活得很"累"。有一次参加夏令营，本来自己是男主唱，平时表现得很好，可是真正向父母们汇报的时候，他却突然因为紧张而哑声了！一时间，他因为自己的"丢脸"而痛哭流涕。考试也紧张，生怕自己考砸了，别人说自己笨，就连在补课班，当他遇到不会的题去问老师，他也担心老师嫌弃自己不够聪明，根本没听明白就敷衍着说自己懂了。是什么造成孩子这样的问题？孩子向我讲到了他的父亲。他的父亲时常酗酒，喝多了之后就又骂人又打人，有一次在大院里，深夜耍酒疯，搞得左右邻居都知道了，孩子感觉特别"丢脸"，而且有一次基本上所有的亲戚都来到自己家，来"教导"自己的父亲，爷爷也总在外人面前说自己的父亲没出息，是个啃老族！和孩子的母亲深入了解时才知道，孩子的爷爷奶奶目前还掌握着家庭的经济大权，因为一直觉得自己的儿子"没出息"，所以一直不信任他。

这是一个家庭系统的问题，更是家庭教育的问题。爸爸对儿子的埋葬式和贬低式沟通，造成儿子的不自信、不自立，而父亲并没有通过放手和鼓励让儿子成长，更加加重了对他的贬低和不信任。即使儿子都成家了，该"退位"的父母还是充当着家庭的主体，使儿子没有自己的位置感。当儿子有了自己的孩子，孩子没有通过父亲感觉到生命的力量感，只是感觉到了外界种种对父亲的不良评价，而父亲，由于低自尊，更加对别人的评价敏感，这无形中也影响了儿子。

所以，家庭教育的病毒，不仅伤害下一代，而且会代代感染。我们不知道爷爷的原生家庭如何，孙子将来有了自己的孩子会如何，但是，这两代人，却切切实实地受到了影响，并且这是关乎生命质量的影响。

为了呼吁更多的父母有觉醒的意识，我一直在各种渠道邀请父母们一起学习《父母规》，让我们从自己这一代起，斩断家庭代代流传下来的思维病毒，修炼好自己的心性。经常朗读它，就会把好的念头种植在我们心里，念头越清晰就越会转化成我们的实际行为，慢慢养成习惯，形成良好的家风！

《父母规》：

1. 从此刻起：

　　我要多鼓励、赞美孩子，

　　而不是批评、指责、埋怨孩子。

　　因为我知道只有鼓励和赞美才能带给孩子自信和力量，

　　批评、指责、埋怨只是在发泄我的情绪，伤害孩子的心灵；

2. 从此刻起：

　　我要用行动去影响孩子，

　　而不是用言语去说教孩子。

　　因为我知道孩子的行为不是被教导而成，

　　而是被影响和模仿而成；

3. 从此刻起：

　　我要多聆听孩子的心声，

　　而不是急于评断孩子。

　　因为我知道聆听才是最好的沟通；

4. 从此刻起：

　　我要无条件地去爱孩子本来的样子，

　　而不是去爱我要求的样子。

　　因为我知道那是我的自私和自我；

5. 从此刻起：

　　我要学会蹲下来与孩子平等沟通，

　　而不是居高临下地指使孩子。

　　因为我知道强制打压只会带来孩子更强烈的叛逆和反抗；

6. 从此刻起：

　　我要用心去陪伴孩子，

　　而不是心不在焉地敷衍孩子。

　　因为我知道只有真正的陪伴才能让孩子感受到爱的温暖；

7. 从此刻起：

　　我要控制自己的情绪，

　　和孩子一起安静和平地处理好每一个当下。

　　因为我知道脾气和暴力只代表我的无能和对孩子的伤害；

8. 从此刻起：

　　我要积极主动地处理好与爱人的关系，

　　创造一个和谐的家庭环境，

　　绝不让夫妻矛盾影响和伤害到孩子。

　　因为我知道只有夫妻关系和睦才是对孩子最大的爱；

9. 从此刻起：

　　我要让孩子长成他要长成的样子，

　　而不是我期待的样子。

　　因为我知道孩子并不属于我，

　　他只是经由我来到这个世界，

　　去完成他自己的梦想和使命；

10. 从此刻起：

　　我要多为孩子种善因，行善事。

　　因为我知道种善因，方能结善果，

　　积善之家必有余庆，

　　积恶之家必有余殃；

11. 从此刻起：

　　我要通过孩子的问题，

　　找出我自己的问题，修正我自己。

　　因为我知道孩子所有的问题，

都是我的问题，我是一切的根源；

12. 从此刻起：

我要成为孩子生命中最好的朋友，

最亲密的伙伴，最慈爱的爸爸（妈妈）！